Marcel Nuss

L'existentialisme précaire
d'un têtard pensant

À Jill et à Sophie
à Sophie et à Jill

Édition : BoD – Books on Demand, info@bod.fr
Impression : BoD – Books on Demand, In de Tarpen 42,
Norderstedt (Allemagne)
Impression à la demande
©Autoéditions – Marcel NUSS
Dépôt légal : octobre 2022
Couverture : Jill NUSS
ISBN : 978-2-3224-4077-1

Le Code de la propriété intellectuelle n'autorisant, aux termes des paragraphes 2 et 3 de l'article L. 122-5, d'une part, que les « copies ou reproductions strictement réservées à l'usage privé du copiste et non destinées à une utilisation collective » et, d'autre part, sous réserve du nom de l'auteur et de la source, que les « analyses et les courtes citations justifiées par le caractère critique, polémique, pédagogique, scientifique ou d'information », toute représentation ou reproduction intégrale ou partielle, faite sans le consentement de l'auteur ou de ses ayants droit ou ayants cause, est illicite (article L. 122-4). Cette représentation ou reproduction, par quelque procédé que ce soit, constituerait donc une contrefaçon sanctionnée par les articles L. 335-2 et suivants du Code de la propriété intellectuelle.

Frustration

Comment peut-on aimer une frustration ?
Or on l'a pu et on le peut encore
par amour
Comment peut-on se frustrer
même par amour ?
Frustrées par la bandaison d'un gibier de pitance
quel présent !
Pourquoi se frustrer jusqu'à ce que le cœur se cambre
et le corps se cabre
jusqu'à l'épuisement ou la révulsion ?
Pourtant on l'aime ou on l'a aimé un certain temps
un temps certain
avec sa frustration et puis contre
tellement contre.
Les jours se suivent et ne se ressemblent pas
tout n'est qu'impermanence et vacuité
apprend-on à force de frustrer
et de l'être

Erdogan

Erdogan le mort sanguinaire
assoiffé de pouvoir sans partage
mégalomanie d'un ego sans âme
massacreur d'humanité
destructeur de liberté
Erdogan le mort sanguinaire
éructant devant une Europe
servile à force d'être silencieuse
et calculatrice si bassement calculatrice
donc complice d'un dictateur sans vergogne
Erdogan le mort sanguinaire
que faire face à un tel fléau un tel virus
à nos frontières à portée de main
alors que l'Europe se compromet courageusement
être citoyen être une voix
qui dénonce et s'insurge
refusant toute cécité face à l'abjection
d'un embryon de démocratie bafoué

à nos portes à côté de chez nous
Émotions

Je suis un gouffre d'émotions. Un tourment émotionnel déchiré. Incapable de réfréner le flot de trop de pensées parasites qui submergent et polluent mon esprit écarlate. Gorge serrée, oreilles bouchées à force de me compulser. De ressasser un sentiment de trop d'injustice, de malhonnêteté, d'arnaques mesquines et sordides. Plus de distance, plus de maîtrise, plus de hauteur, plus de sagesse, plus de lucidité.
Plus qu'un gouffre d'émotions chaotiques. Émotions à fleur de peau. À fleur de cœur. À fleur de dents. Je suis un trop-plein de débordements émotionnels. Colères accumulées à force d'être refoulées. Ce n'est plus entendable, plus supportable. Toutes ces trahisons, ces mesquineries, ces bassesses. Comme une litanie affective meurtrie. Toute cette agitation en moi. Jusqu'à la folie. Pensées dératées. Je me tue à petit feu à trop être débordé par mon incapacité à me relever.

Déprime déstructurante

À l'improviste d'une désespérance infinie
être saisi par une jouissance surgi
d'un désir soudain
happé d'une main
et d'une bouche conquérantes
comme l'amour qui nous tient
Du rebord de cet amour nous voyons l'Infini à perte de vue
horizon de Lumière sans fin

Je sens une urgence de vivre
le sentiment que le temps m'est compté
de plus en plus
à force d'être rongé par moi-même
quand je suis saisi
et que je jouis
de la vie
pendant que ses yeux sourient
La digue se fissure de toute part
trop c'est trop

trop de tensions trop de stress trop d'émotions
défont la foi la plus robuste
en déchirant la volonté d'aller de l'avant
sur un champ qui se ruine la santé
inutilement
terrible impuissance d'être
Du rebord de notre amour nous voyons l'Infini à perte de vue
et soudain je jouis
dans sa bouche si lumineuse
bientôt un an

L'homme qui court

Je suis l'homme qui court dans le pré
dans le pré qui s'étend dans le temps
le temps qui emporte mes mots
en les déchiquetant avec les dents
tels des oiseaux en papier
Je suis l'homme qui court dans le vent
dans le vent qui déploie les jours
les jours qui rampent vers la nuit
inexorablement ouverte sur l'Infini
tel un bonheur qui vient sans bruit
Je suis un homme qui se glisse dans ses habits
ses habits qui aspirent à la Vie
la vie qui se teinte de toutes les nuances
en regardant la lumière sous un autre jour
à chaque fois que la couleur change
pour présenter d'autres atours

Aveu

Je veux me glisser dans la vie, ne plus lui résister. Je veux vivre sous un soleil moins brûlant, ne plus m'en immoler. Je veux me perdre dans l'amour, ne plus lui faire faux bond. Je veux encore un peu croire en l'espoir, ne plus me laisser dévier du sens de toute chose. Je veux me déchaîner de ma prison à vie.

Lit

Dans un lit conjugué
un amour conjugal
tisse sa trame de Désir
de Chair et de Foi en devenir

Pas grand-chose

Je suis qui je suis
je vais où je vais
je vais où je peux
rarement où je veux
je suis ma propre folie
je suis mon intime foi
je suis le « désordonnateur » de mon cœur
je suis la vie et la mort indistinctement
je suis le sens et le non-sens indifféremment
je suis le vide et le plein tout à la fois
je suis le corps et l'âme dans une chair putrescible
je suis l'éternité et l'instant l'éternité du présent ou le présent de l'éternité
je suis l'absence et le silence vibrant sous ta fenêtre allègre
je suis et je serai
pour les siècles des siècles
ici et maintenant
renaissant éternellement à moi-même
semblable et différent
car je suis un ludion hermaphrodite qui se réincarne
humblement comme tout mortel qui se respecte
un tant soit peu

Fond d'écran

Élancée dans une grâce sublime
racée jusqu'au bout des lèvres
fulgurant désir visuel
d'une femme aussi virtuelle que réelle
prenant sa pose si sensuelle

entre quelque part ailleurs et nulle part
beauté subtile et somptueuse
d'une sensualité fantasmagorique
presque fantastique
irrésistible et soudain désir fulgurant
de fusions charnelles sur fond d'écran
avec ces galbes voraces à la pulpe solaire
plonger en elle me noyer dans sa sève
sexuelle par son orifice que j'imagine
et après
et après
fantasmes

Spiritualité

Amour numineux   union paisible évidente comme un horizon boréal enclavé
dans une destinée désexuée à la charnalité éphémère
existence temporaire amour intemporel
fondement d'une perplexité soluble dans la sérénité

Il n'y a que le vent qui apporte mon amour
quand la brise se lève sur le Monde qui m'entoure

Spirituel   tout n'est que spirituel ou n'est pas   dans un univers aussi irréel que mes maux
et mes pas   je suis mon propre trépas   je suis ma propre éternité
et nous sommes notre infinité d'amour spirituel   rire
et pleurer   exister à deux solitudes
dans le pré qui nous a rassemblés

Il n'y a que le vent qui apporte mon amour
quand la brise se lève sur le Monde qui m'entoure

Constat sans appel

J'ai la tige qui gamberge
sur la berge du Levant
tel du levain dans son fournil somnolent
égaré dans le vertige des amants
J'ai la verge qui frétille comme un volcan vibrionnant
quand tout converge en un désir oppressé
que submerge une attirance jamais rassasiée
ne pas renoncer ne pas désespérer
de l'asperger de sérénité
J'ai le cierge qui vacille sur sa mèche
à force de perdre la flamme
dans un vague à l'âme en pointillés
au fond d'un lit asséché
par quoi ?

Toutes faites

« Tu m'étonnes » « C'est clair » « Ça marche » « Carrément » « OK » « d'accord » « Super »
formules toutes faites et interchangeables dégoisées à l'envi et à tours de langue par des quidams
qui n'ont rien à dire pas de conversation mais se croient obligés de répondre
quand bien même ils n'ont rien compris ou s'en foutent royalement
car si peu semble les intéresser en vérité
Chère oisiveté de l'inculture qui nourrit tant ces exécutants congénitaux
n'écoutant que d'une oreille par manque d'investissement ou de discernement
en une sorte d'inconscience laxiste d'insouciance égoïste enrobées de générosité déconcertante
en un vide sidérant à défaut d'être sidéral qui suscite consternation et désolation
dur labeur que de cheminer et de frayer avec de tels humanoïdes

cultivant l'art de la présence absente comme une insulte à l'empathie
personnalités ternes à la consistance inconstante et fade si souvent
Fréquentation sacerdotale qui met à rude épreuve la patience et l'indulgence
Dieu que c'est ardu parfois de prendre sur soi avec philosophie
pour se faire une raison d'être maltraité par négligence par une insuffisance d'engagement
je vous le dis être accompagné sans rémission
peut être un purgatoire d'un indigeste désespérant
mais que dois-je donc expier

Étonnement

Une main qui s'attarde furtive
dans un recoin oublié
des doigts impromptus qui se meuvent
comme hésitants et interrogatifs
dans une toison soudain en éveil
étonnement troublé
trouble désir surgit dans la nuit
duo silencieux complicité éprise
la vie tout simplement
à l'attirance muette
un bref instant
celui d'un fantasme toujours vivant
avant que les doigts se retirent
avec leur mystère et se replient
dans leurs songes d'une nuit d'hiver
Qu'ont-ils pensé ?
Était-ce un rêve ou les prémices du printemps ?

Dédoublement

Je suis ferme et je suis mou
je suis dur et je suis doux
je suis pile et je suis face
je suis à l'endroit je suis à l'envers
dans la tête et dans le corps
méfiez-vous de mon décor
assoiffé de corps à corps
affamé de cœur à cœur
je suis ferme et je suis dur
mais bien moins souvent que
doux et mou
je suis un être égaré sur Terre
où le plaisir est un enfer
et un paradis tout autant

Crépuscule

Larmes profondes   indécises et désabusées
fatigue incommensurable   physique et morale
tout titube dans ma chair déchiquetée
purgatoire de l'être
jusqu'à l'épuisement
broyé par des déconvenues
des cons venus
d'ailleurs et de nulle part
avec leur mal-être en bandoulière
nuit interminable   rongé de doutes et d'inquiétude
solitude extrême
seul avec mes incertitudes   je suis   depuis mon premier
cri
et cette asphyxie obsédante de l'être suffoqué
dans tous les sens
asphyxie de l'ouïe   asphyxie du souffle   asphyxie de
la vie
asphyxies morbides   asphyxie

Lassitude

Quelle est cette lassitude qui bruine sous un beau soleil printanier ?
Pourquoi lutter contre une réalité inflexible ?
Le temps ne changera rien à certaines vérités.
Car il est des morbidités qui sont intangibles.
N'est-il pas urgent de cesser d'espérer obstinément l'impossible ?
Je ne suis pas un plaisir simple. Encore moins irrésistible.
Frustrations. Désarroi existentiel dans une chair vénielle.
Je n'ai que la liberté de renoncer. Abandonner toute prétention
à être plus que je ne suis, plus que je ne peux être.
Ne plus entretenir mes propres illusions, mes fantasmes de conquêtes
pleines de déconvenues et de déconfitures charnelles.
Faire le deuil de moi-même.
Par amour pour elle.

Mourir et après ?

Tuer le temps avant qu'il ne tue
au bord du chemin qui mène à l'Inconnu
décliner mourir à soi-même.
Mourir éternellement
dans des décrépitudes qui progressent à la vitesse du temps
un temps qui se dérobe et s'amenuise de jour en jour
Mourir
des chants d'oiseaux sous un ciel sans nuage.
Dans un silence intense que scande ma respiration mécanique.
Ma vie ne tient qu'à un fil.
Mourir est si facile
si futile aussi
au regard des souffrances qui défilent alentour.
Dans un silence de mort.
Un silence mortel pour la postérité.
Et les oiseaux qui volent
et le temps qui s'envole
seule sa souffrance ronge
sous un ciel immaculé

Libido

Libido
bobo dans le dodo
ni lolos ni zizi
mais panpan cucul
dans un yo-yo
de gogos gagas
ô nana je suis baba
loin de mon bla-bla
de pépé yé-yé
loin de mon ronron
de toutou zinzin
sans son dada
car je suis un zozo
très pipi-caca
très bébé à nounou

Nous

Entre toi et moi, nous. Un nous qui rechigne. Un nous qui se noue et se dénoue. Un nous qui trace entre les écueils une trace balbutiante. Nous qui se tient sous les ressacs du cœur et de la main. Nous si fort et si fragile, si vrai et si vulnérable. Toi et moi contre vents et marées. Toits et mois qui défilent avec la constance d'une certitude. D'une conviction intime, comme inscrite en nous.

Et ce silence des corps affligés, harassés de fatigue, d'harassement empoussiéré jusqu'à l'obturation des sens. Il faut le vouloir. Le rêve est à ce prix. L'amour aussi. Et les corps à corps si lointains ?

Il y a le sud en point de mire. Comme promesse d'avenir et de renaissance, de redécouverte ou de découverte tout court. Mais il y a loin de la coupe à la dégustation…

Suicide

Accompagnement médico-quelque chose : suicide à petit feu, suicide insidieux. Mort lente, par usure et épuisement. Jusqu'à la corde qui pend tout objet de soins se respectant. Ou qui se respectait un jour, un jour probablement. Quand il avait davantage de dignité, de sens de sa dignité. Un jour. Un jour sûrement. Je m'en souviens. Je m'en souviens encore. Comme si c'était hier. Ou avant-hier. Quand j'y croyais dur comme fer. Accompagnement : descente en enfer, un enfer pavé de bonnes intentions. De tant de bonnes intentions et si peu de présence à l'autre. Tant de charité mal ordonnée. Dégradation progressive de la foi, de l'espoir en son prochain et sa prochaine, par absence de réelle empathie. Sa prochaine quoi ? Croix ? Lassitude extrême à force d'encaisser des dépits désabusés par la redondance des situations, l'oppression diffuse et permanente qui s'en dégage, comme sortie d'un métronome intarissable. Le mal s'immisce, se prolonge, se démultiplie, s'installe jusqu'à prendre racine telle une litanie poisseuse. Tel un flot de présences absentes, inconstantes, fades ou versatiles. Je suis ballotté, je suis ballonné, je suis ballottine. Adaptation, renonciation, capitulation. Les issues sont pléthoriques. Faire avec afin de ne pas sombrer. Faire avec pour ne pas faire contre. Contresens contre-productif. Ou se contrefoutre avec ce fatalisme au cynisme résigné. Accompagnement, chemin de croix à perpétuité, chemin de Sisyphe pour malmenés. Et cette fatigue morale qui s'incruste...

Plein sud

Mornitude boursouflée de lassitude des sens sous un ciel estival
un azur flamboyant qui embrase des arbres majestueux
et rafraîchissants
S'accrocher par habitude aux branches
décrépitude au milieu d'un chaos d'incertitudes
et de convulsions dans l'érection d'une habitation
d'une maison tant imaginée
espérée rêvée élaborée des heures durant

sans y croire sans oser y croire vraiment
Et ces cigales au bel canto tonitruant
et ces cigales à l'allant inépuisable
cymbalisant leur roucoulade de crécelles enrouées
Suis-je impuissant
le corps vide d'une vie si avide autour de la chair déprimée
à force d'être désexué
Avide de quoi
sous un soleil de plomb venteux
pendant que des hommes éructaient leur mal-être sans éthique
à l'étage.

Plus

Elle ne vibre plus
depuis ? Si longtemps déjà me semble-t-il
ses sens atones son corps aphone
Elle aspire à la moisson

La chambre est vide
le temps est lourd
et la vie avide
suit son cours

Temps suspendu
dans son envol vital
je ne crois plus au chant horizontal
où est passé l'animal ?

La chambre est vide
le temps est lourd
mais la vie avide
suit son cours

Chairs en apnée
sexes désenchantés
trouver le sursaut intime
le sursaut qui réanime

La chambre est vide
le temps est lourd

et la vie avide
poursuit son cours

Fantasmes éprouvés jusqu'à l'épuisement
prendre de la hauteur
pour mieux atterrir
en elle le jour venu s'il existe encore

Ailes

Demain peut-être   demain sûrement
sinon un autre jour   assurément
mais un jour certainement
je humerai son entregent son entremets son entre nous
son antre bouillonnant de sentiments
demain peut-être
ou aujourd'hui   maintenant
sur-le-champ gorgé d'allant
demain peut-être   demain sûrement
et soudain
elle me prend promptement en ailes

Sa volupté

Femme volupté
femme volée
dévoile-moi le bonheur
à la volée dans une envolée
de chair exhumée

Un bleu si pur
balayé par la cime des arbres
tantôt comme une caresse tantôt comme des gifles
dans la touffeur des jours et la fraîcheur des nuits
ciel méridional beau comme ses yeux

Femme volupté
femme dévoilée
quand le bonheur se met à chanter
au rythme d'une huppe fasciée
mes sens ondulent sous un ciel étoilé

Village au soleil

Maisons de pierre maisons grégaires courbant l'échine sous d'ocres tuiles romanes qui somnolent dardées sans relâche par un soleil sauvage avant que de sombrer dans des trombes célestes obscènes les jours de trop-plein. Lorsque la nature s'essouffle. Pour reprendre son souffle.
Et rendre les bancs déjà secs aux quelques vieux encore restants. Pendant que nonchalamment deux vieilles sirotent une bière, attablées devant le petit bistro à tout faire, rendez-vous quotidien d'un village assis entre deux hémisphères, tout en scrutant, d'un œil de commères, l'attroupement foisonnant autour du petit marché hebdomadaire, réunissant tous les âges d'un village aussi nostalgique que sa mémoire qui cultive ses miracles tel un talisman.
Les Cévennes grésillent, crépitent, au mitan d'un éblouissement inépuisable, et épuisant parfois, alors que les cigales et les grillons s'époumonent jusqu'au crépuscule. Salvatrice fraîcheur nocturne. Quand les étoiles frissonnent leur allégresse.
Sais-tu la lune dans un ciel si limpide ? Elle rayonne de sa puissance voluptueuse. Envoûte-moi ma sorcière australe à la pulpeuse chair sensuelle et astrale. Demain, le soleil reviendra, fidèle à l'horizon qui nous déploie à chaque instant. Je meurs et je renais inlassablement, brandissant la vie au firmament. Amour. Dans un village au soleil. Que je veux chérir tel un amant vieillissant. Bercé par une douceur de vivre quelquefois trompeuse mais tellement délectable à l'ombre de la terrasse, quand le silence nous unit en une solitude enfin partagée, Ma Douce.

Torride

Torrides
des sens torrides
une libido tantôt fado fadasse tantôt tango salace

Arides
des sens arides
je ne suis pas Rocco même si Freddy le pense
j'ai une libido sans âge qui joue à être à la page

Décatis
des sens décatis
un fantasme rance qui se lasse de lui-même
à force de se croire autre chose que ce qu'il est en vérité
un mutant miteux finissant de se prendre pour un amant moelleux

Asthmatiques
des sens asthmatiques
qui n'ont plus la foi en une altérité dérisoire
croire ne suffit plus parfois pour contourner une réalité inflexible
il faut renoncer à l'impossible quand l'impossible s'obstine
à déjouer des chimères autoflagellantes

Vieillissement

Je ne me sens pas vieux je me sens vieillir
insensiblement
dissociation progressive du corps et de l'esprit
je ne me sens pas vieux mais mon corps me dit autre chose
insensiblement
déconfiture physique dans une régression prédestinée
quelle est cette prédisposition à sombrer dans la dégénérescence
insensiblement
les os me rongent tout fout le camp de la tête aux pieds
déréliction où sont mes dents que sont mes oreilles advenues
mes intestins s'égosillent mon corps est à la rue

insensiblement
je ne me sens pas vieux je me sens vieillir
l'esprit vaillant sous le poids des ans vacille mon hybris ploie
imperceptiblement
il me reste l'amour comme onguent
Il a la beauté de sa jeunesse
éternellement

Bernard

Chante-moi encore ô chante-moi encore
Bernard
danse-moi avant l'heure de la mort
toi qui éternellement chanteras pour les anarchistes intemporels
cabri sautillant allègrement sur scène
en pantalon de cuir qui moule si bien sa subversion
le verbe ironique décapant et poétique
intensément poétique même quand il est politique
à 70 ans pleins d'allant et de sève irréductible
si tu savais comme je me sens rajeunir en te voyant
et en écoutant ta voix de stentor terriblement séduisante
aux effluves brésiliennes d'une bossa-nova
regorgeant de femmes aussi intemporelles que les anarchistes
je dérive de Manaus à Fortaleza de Rio à Recife ou Belo Horizonte
au rythme entraînant des percussions et de ta guitare
Bernard
la vie est belle sous le ciel d'une soirée méridionale
quand tu chantes malicieusement devant un feu de bois que j'imagine
entre la forêt amazonienne et les usines stéphanoises

Comme un con

Je suis seul comme un con dans mon salon
radeau à la cambuse désabusée
laissant errer mon regard contraint
dans l'espace hagard qui confine mon destin
seul comme un con si souvent je suis
depuis que je respire mine de rien
l'air impur qui me sert de festin
j'attends les mouches comme on attend le train
j'attends depuis si longtemps que je m'en souviens
le temps s'écoulera bien
bien sûr que je ne suis pas con
les cons ce sont les autres
qui s'agitent autour de moi à proférer du vide
et un pathétique bla-bla
je suis seul comme un con
et je compose dans mon citron
pour ne pas ruminer à la dérive dans mon salon

Du rêve au cauchemar

Rêve si ancien presque aussi vieux que mon anarchie
utopie déraisonnable nourrie par un réalisme têtu
qui prend forme qui prend vie comme on prend racine dans l'Infini
jusqu'au cauchemar d'un rêve malmené maltraité même
par d'immondes comportements sans éthique mus par l'arrogance
rêve qui se fissure rêve que d'aucuns dénaturent rêve cauchemardesque
à force de voir la réalité s'enfoncer dans l'ubuesque méridional
enveloppé par l'ombre apaisante et chantante d'arbres majestueux
qui dansent doucement comme on berce un enfant
au-dessus du rêve qui obstinément prend forme
car la vie est un rêve qui n'attend que l'Éveil

Amour méridional

Caresse légère
d'une brise rafraîchissante
tramontane sous le soleil
à l'heure où d'autres sommeillent
l'estomac repu et satisfait
Apaisement indicible
éclairé par ta beauté
à la douceur tendrement solaire
mon Amour ma Lumière
à tes côtés je me sens vivant
beau et grand
immensément grand
sous ce ciel estival si berçant
et ton corps qui rayonne
séduit mon regard épris
de ton âme qui entonne
des saveurs sensuelles
sous un soleil incarné

Inconscience professionnelle

L'indigence de certains esprits m'échappe encore
rengaine de lâchetés, d'hypocrisie et de mensonges
pour tenter de voiler l'incompétence et les incapacités
Personne n'assume tout le monde se déplume
afin de mieux se remplumer en se dédouanant sur le dos
de gogos présumés par ces pâles présomptueux
jusqu'à s'enferrer dans leur imbécillité
Ainsi vont les métiers bien mal servis
par l'indigence de certains esprits mal tournés
S'accrocher au bastingage de la vérité
et maintenir le cap, son cap, dans cette nature hostile
qui ne pense qu'à vous enfumer car vous êtes novices
donc aisés à gruger pensent-ils à tort

Canicule

Pas un souffle d'air
le vent a oublié de se réveiller
le soleil abrase les corps pesants de suffocation
le ciel a la pureté d'un bleu oppressé
pas un souffle d'air
les plages sont cramoisies
amoncellement de chairs jonchées sans vie
la peau huilée à en éblouir le soleil
la mer n'arrive plus à respirer sous cet afflux agglutiné
d'aoûtiens ravis comme des aoûtats avachis
bonnes vacances

Je fais l'amour

Je fais l'amour quand je la regarde.
Je fais l'amour quand je la respire.
Je fais l'amour quand je la conspire.
Je fais l'amour quand elle est nue.
Je fais l'amour quand elle s'habille.
Je fais l'amour quand elle est émue.
Je fais l'amour quand ses yeux brillent.
Je fais l'amour quand ses fous rires la submergent.
Je fais l'amour quand on converge.
Je fais l'amour quand on discute à n'en plus finir.
Je fais l'amour quand elle savoure les délices de la vie et les plaisirs de l'amour.
Je fais l'amour quand elle se réveille.
Je fais l'amour quand elle m'ensoleille.
Je fais l'amour quand elle me complote.
Je fais l'amour quand je l'admire.
Je fais l'amour quand elle me conspire.
Je fais l'amour quand elle me voyage.
Je fais l'amour quand elle n'est pas sage.
Je fais l'amour quand elle est sauvage.
Je fais l'amour quand elle m'emporte.
Je fais l'amour quand elle me cueille et m'accueille comme une feuille vierge de moi-même.

Je fais l'amour sur son littoral estival ancré dans son méridien festival.
Je fais l'amour quand elle me provoque.
Je fais l'amour quand elle me convoque.
Je fais l'amour quand je l'évoque.
Elle est mon somptueux sanctuaire.
10 pieds sous terre, 10 pieds en l'air, la tête à l'envers, le corps à l'endroit, je l'ai dans la peau.
Je fais l'amour et je l'aime, je l'aime et je fais l'amour.
Insatiablement.
Je suis Désir !

Liberty nage

Nu
à l'ombre du soleil
mû
par une liberté sans pareille
et la poésie des corps
comme unique décor
la peau salée par les embruns
Agde cap vers une liberté

nu
à l'ombre du soleil
bu
dans le plus simple appareil
quand l'apparence disparaît
sous la transparence des attraits
et son regard azuréen et ses appas
allongés le corps si serein
Agde cap vers la sensualité

Pas sage

La vie est un passage entre deux rives ou deux écueils. C'est selon le regard que l'on pose sur cette vie. La sienne. Entre deux rives ou deux écueils. Lui n'est pas sage, il ne goûte donc guère les écueils, une option sans avenir, sans devenir, sans souvenir, juste des rancœurs et des peurs, des précarités du cœur. Il rame entre deux rives. Dans un corps à la dérive pour mieux s'enraciner dans l'existant. Sa rive du moment, sa rive du présent, certes imparfait mais présent. C'est son choix. Chercher dans la faille pour trouver le sens qui mène à sa vérité, sa rive, au sein qu'il veut voir. Le sien. Son espoir. Son instant d'Éternité. Qu'il aimerait voir durer, durer, durer. Entre ses bras veloutés. Avant d'atteindre la rive et de s'éclipser sur la pointe des pieds dans le Passage. Pas sage, il est. Pas sage, il demeurera. Blotti entre ses seins si soyeux à l'heure où la vie se lève dans la sève de leur jonction intime. La vie est un passage entre deux rives, entre deux corps à cœurs majeurs.

Misères

Misères sexuelles silences sensuels
le temps ensevelit les corps
qui survivent encore
le temps d'éteindre le désir
le temps d'un ou deux soupirs
Misères sexuelles silences sensuels
tous ces corps confinés
privés de vie et de vitalité
qui déambulent oppressés et piteux
dans une abstinence de pénitents

État des lieux

Saint-Bauzille-de-la-Sylve   22 heures
le ciel rougeoie
je n'aime que toi
et ce silence régénérant qui nous baigne
dans la plénitude d'être seuls ensembles
enfin seuls
libérés des agitations d'un quotidien
épuisant
et ce silence apaisant
presque assourdissant
22 heures   le jour décline
dans un rougeoiement somptueux

je n'aime que toi
que toi
et notre solitude savourée
blottis dans une douceur divine
Tout est magique
bercés par des Esprits indicibles
je n'aime que toi
et la vie qui nous cible

Le temps

Le temps qui ronge inexorablement ce corps malmené
le temps qui plonge insensiblement la chair dans sa vérité
et la tête qui avance et le corps qui recule
la tête qui veut et le corps qui veut de moins en moins
contradiction de vieux en mode dégradation
quand le corps coule sans oraison
le temps du vieillissement n'est pas le temps des folies
mais des renonciations et des concessions à soi-même
le temps de la sagesse prétendent-ils…
quand le corps décline l'esprit s'incline avec philosophie
ou meurt

Agde

Agde
superbe perle noire
couchée au bord de l'Hérault
Agde
aux innombrables placettes ensoleillées d'histoire
et aux ruelles ombrées de désespoir
et ce passé qui ressurgit à chaque coin de rue
beau comme la mémoire quand elle vibre
d'une ineffable douceur de vivre
dans l'harmonie des Anciens
Agde
délicate beauté noire rongée par la vétusté
au détour de ruelles ombrageuses
habitations délabrées aux portes ouvragées disloquées
dans une atonie qui néglige le passé

tant d'amour mis à créer tant d'opiniâtreté mise à l'oublier
et tous ces câblages électriques qui dénaturent
tes façades pittoresques telles des cicatrices de l'inanité
Agde
réveille-toi ton patrimoine se noie sous tes yeux
il y a tant de douceur de vivre en toi

La libérer

La libérer de tant de maux
Comment la libérer
lui rendre ses ailes
autrement qu'en poèmes
mots vains quand l'obscurité
s'abat comme un cauchemar
sur la lumière qui vacille
comment la libérer ?
Ne pas la laisser flétrir
ne pas la laisser détruire
ne pas la laisser périr
dans cette adversité dégénérée
qui sape les fondations
quand le bonheur se désespère
dans le chaos d'un rêve méprisé

Ombre intérieure

J'ai la tête à l'envers
j'ai le cœur à l'endroit
j'ai le corps de travers
j'ai les sens qui se noient
dis-moi dis-moi

Que le jour plein de joie
je vais éclore mes émois
que la nuit plein de foi
je vais plonger en toi
dis-moi dis-moi

J'ai la tête de travers

mais je ne vois que toi
j'ai le corps à l'envers
mais je cours vers toi
dis-moi dis-moi

Que le temps toujours
nous réunira d'amour
que l'amour à jamais
nous rendra parfaits
dis-moi dis-moi

J'ai la tête à l'envers
mais je ne vibre que par toi
j'ai le corps de travers
et je ne m'envole que pour toi
dis-moi dis-moi
où on va ?

La vie et la mort

Tu nais tu meurs	
entre-temps tu apprends	plus ou moins
tu travailles tu baises tu aimes	plus ou moins
tu fais un enfant ou plus	ou pas du tout
tu avances tu recules tu hésites tu réfléchis	ou pas
tu apprends encore on apprend toujours	plus ou moins
tu travailles tu baises tu aimes	ou moins
tu es fringant tu es fringué	plus ou moins
tu cherches le sens de la vie de l'amour	ou pas
tu prends de l'âge tu prends du poids	ou pas
tu as la foi tu as la niaque tu as le temps	ou pas
tu ne travailles plus tu t'occupes	ou pas du tout
tu aimes tu baises tu fantasmes	ou plus du tout

tu regardes en avant tu regardes en arrière   ou de moins en moins
et puis tu es au bout du rouleau au bout du voyage au bout de toi-même au bout du requiem
et alors ?

Montpellier

Belle occitane au charme méridional et à la douceur de vivre estivale. Du Peyrou à Antigone, à travers les rues qui sillonnent et les places qui chantonnent, une énergie subtile fredonne une histoire qui résonne des pierres et des murs qui nous environnent. Séductrice qui attire le regard ou l'étonne avec ses formes tantôt éblouissantes et grandioses, tantôt distillant une apaisante sagesse ancestrale.
Je suis conquis. Je suis conduit.
Tout ici est et n'est pas Comédie. Tout ici joue et vit, vit ou survit. Jeunesse effervescente qui côtoie la misère d'une jeunesse déliquescente égarée par terre, que seule réchauffe encore le soleil. Vieillesse qui semble indifférente, réchauffant ses os oisifs en partance pour l'enfer ou le paradis de l'absolution ou de l'absolu. Mystère. Mystère lumineux éclairé par un passé si présent, si vivant, rendant les contrastes parfois saisissants.
Je suis conduit. Je suis conquis.
Belle enchanteresse que j'aime flâner en toi et éprouver des surgissements réjouissants au détour d'une ruelle. Toi qui ravis mon regard de vieil hibou à la sagesse volatile s'interrogeant, à chaque tour de roue, sur l'intensité d'une éternité inscrite dans un patrimoine aussi intemporel que lui qui bat des ailes. Que nous. En toi, je m'élève, je m'envole et j'entends les chuchotis d'un passé qui me convie à un futur empli de vie. Et à son amour bleu comme ses yeux d'elfe voluptueux.

Strasbourg

Quand le Moyen Âge coudoie le Second Empire
quand la Renaissance tutoie la Prusse impériale
quand la modernité bourgeonne
quand passé et présent fusionnent
quand la rigueur épouse l'esthétique
une âme se déploie dans une quiétude bourgeoise
L'ordre et la culture la beauté et la nature
de la Petite France à l'Orangerie
Strasbourg étend son art de vivre entre hier et demain
bercée par le romantisme des quais sous le soleil
et une gastronomie qui émerveille
Cette âme m'a suivi cette âme m'habite

Gastronomie

Toutes ces saveurs qui emplissent le corps à chaque bouchée
tous ces arômes olfactifs et gustatifs qui pénètrent dans un palais et des narines subjugués
tous ces mets somptueux mariés avec amour et passion en une ode à la vie et à la nature si généreuses
fulgurance des fragrances dans un silence aérien
béatitude gastronomique sous un soleil extatique
recueillement des sens en effervescence subjugation de l'être dans une méditation du bien-être
manger comme on prie en communion avec l'aimée
délice de l'existence aux subtilités enthousiasmantes
être tout simplement être le temps de savourer une bouffée de sérénité reconnaissante
plongée dans l'Infini enfin touché du bout des lèvres
instant de spiritualité suprême et sublime
quand on sait déguster la vraie vie en hédoniste irréductible avec un amour partagé
et laisser le temps se diluer en plaisir subtil et raffiné
Je t'aime mon cordon bleu rencontré devant une boîte de conserve éplorée…
je t'aime intensément

Infusion urbaine

Pénétrer une ville comme on pénètre une femme
approcher patiemment ses imperceptibles Mystères
avec la délicatesse d'un néophyte face à la Chair
de toute chose qui vit et vibre en déployant ses appas
Exploration monacale les sens en éveil captant
des merveilles en un va-et-vient d'émois extasiés
par tant de beauté voluptueuse et de flamme sensuelle

Au petit matin

Au petit matin
dans un silence religieux
quand le soleil paresse encore un peu
se laisser imprégner par l'énergie
qu'offrent le ciel et la nature réunis
et cette douce fraîcheur qui vivifie
après une nuit au sommeil exquis
s'étirer doucement et sans bruit
au petit matin
dans un silence religieux
quand le soleil paresse encore un peu
et soudain un chant surgit puis deux
au loin des chiens s'égosillent
une poule caquette sa joie
un écureuil saute de branche en branche d'arbre en arbre
la vie s'épanouit sous un soleil déjà réjoui

Reflet intime

Cette beauté légère qui se reflète dans la vitre éteinte,
à l'heure où la Lune fredonne sa mélancolique complainte.
Et le pommeau de douche qui se promène sur son corps
charnel et amène,
effleuré par la fenêtre que mon regard pénètre.
Et sa chair qui gicle une sensualité à fleur de peau sur
laquelle danse sa main pleine d'à-propos.
Je m'abreuve d'elle.
Spectateur immobile avide de cette élégance volubile.
Et la main qui descend vers son intime conviction.
Et la main qui s'attarde, persiste et s'emballe, sous un jet
mutin qui l'avale.
Et mon cœur qui dévale devant cette jouissance verticale.
Et le temps qui s'arrête.
Et la Lune qui halète sur mes yeux en goguette dans une
vitre indiscrète que j'apprête
de mes appétences personnelles.
Là-bas, sa tête se renverse et jette des éclats de tourterelle
qui s'envole.
Je m'abreuve d'elle.
De sa beauté légère se reflétant dans une fenêtre qui se rêve
éternelle.

Mon ange

Aux anges sous ta voûte d'archange   je me range sous ton
étrange Gange qui nous mélange
      et j'engrange d'intenses soleils d'oranges
                Mon ange
encense-moi encore   au tréfonds de ton corps
      danse-moi encore   jusqu'à ma mort

Sex

Sexe-toi.
    Sexe-nous.
        Sexe-moi.
            Sexe-tout.
Trentenaire en soie sur sexagénaire fou
                au sexe dansant dans
        son sanctuaire béant
                    et
                s'abreuvant
                à son nectar
                enivrant.
Et ses seins si soyeux qui lui susurrent une suave symphonie en plaisirs majeurs.
Rompre le silence, en cet été déjà finissant, de chairs en partance vers un coin de sens.   Je suis sexe dans la nuit. Je suis sexe au fond de son puits.
 Et tout ce qui nous unit. Et tout ce qui nous joint. Et ce désir
        qui nous enjoint.
      Et cette extase qui nous rejoint.
        Au tréfonds de toi.
          Jouir.
Pour réjouir des corps en devenir.   Pour cet instant où tout peut advenir.
     Halètements d'une délectation nocturne.
        Libres.

Elle & elle

Libres et belles
à tire-d'aile telles des hirondelles élancées
chevauchant leur destrier vrombissant
vers les chemins de traverse de leur liberté

Belles et sereines
enlacées au soleil d'un été déjà finissant
portées par un élan consensuel d'âmes
s'apprivoisant sous les arbres d'une forêt
aux branches sensuelles et complices

Libres et sereines
en quête d'un peu d'elles-mêmes
dans le miroir éclairant d'une synergie
de corps et d'esprits à la douceur
avenante et pulsionnelle sous le soleil

Lui & elles

Fantasme ou réalité
ces femmes déliées
qui s'offrent à satiété
dans un désir libéré
pour un plaisir partagé ?
Je ne sais plus que penser
j'en ai tant rêvé
à cet instant de vérité
ou deux féminités
dans leur pure nudité
viennent avec une légèreté
passionnée exciter
mes plus folles pensées
Je ne suis qu'un homme qui cherche sa tonalité dans leur sensualité conjuguée

La misère

Cette misère à ciel ouvert qui erre dans les rues en gesticulant son délire ou en traînant son rejet social. Isolement de l'indifférence où les passants passent en voyant sans voir ce qui les dérange, d'un regard fuyant la réalité trop gênante, pour mieux l'ignorer. Et cette misère qui blesse les consciences dans des artères qui déambulent sur les absences. La folie est partout, livrée à elle-même, titubant hagarde sans savoir où ni pourquoi. Folie inhumaine qui s'étale indécente dans nos civilisations décadentes.
Que faire de toute cette misère qui jamais ne m'indiffère ?
Que faire ? Dieu que faire ? Sur cette Terre qui n'est qu'un enfer pour des pauvres êres livrés à eux-mêmes. Que faire ? Mais de quel Dieu peut-on bien parler dans ces décors pour

riches qui ambitionnent d'être toujours plus riches ? Il n'y a que les âmes charitables qui prient encore mais pour qui ? L'amour du prochain est parfois lointain. Constater n'est pas agir dans ces sociétés en mal de solidarité. Pendant que les délires s'exclament en gesticulations qui proclament un manque de générosité et une peine à s'engager. Je me sens vain certains jours.

Je voudrais te dire

Je voudrais te dire que tu m'élèves à chaque instant
Je voudrais te dire que tu m'exaltes à tout moment
Je voudrais te dire que tu me libères lumineusement
Je voudrais te dire que tu me souffles tant et tant
Je voudrais te dire que je te vénère intensément
Je voudrais te dire que je suis ton chevalier servant
Je voudrais te dire que je t'aime comme un fou dansant
Je voudrais te dire que je peux mourir tranquillement
Je voudrais te dire que tu es mon sourire régénérant
Je voudrais te dire que tu es le sens de mon entendement
Je voudrais te dire que tu es ma sérénité et mon désir
Je voudrais te dire que tu es ma liberté en perpétuel devenir
Je voudrais te dire que je t'ai tant cherchée dans mes souvenirs
Je voudrais te dire que je t'ai trouvée sur le chemin de mes délires
Je voudrais te dire que je me sens tellement homme entre tes soupirs
Je voudrais te dire qu'entre tes bras je me sens éternellement grandir
Je voudrais te dire que ta chair me fait toucher du doigt ton rire
Je voudrais te dire que nos effusions infusent mon avenir
Je voudrais te dire que dans tes yeux scintille ma poésie
Et finalement je ne te dis rien car tout est dans nos sentiments et nos élans épicuriens
Et finalement je ne te dis rien car tout est dans notre liberté d'aimer notre chemin

S'ouvrir

Elle s'échappe vers son Soleil. Il reste immobile, le regard en éveil. Elle prend un chemin parallèle, le sien. Il reste immobile sous la Lune. Elle est comme une montgolfière qui a lesté ses amarres. Il reste immobile, le cœur plein d'égards. La voie est tracée pour qui ose l'emprunter. La voix se déploie dans toute sa charnalité quand l'Esprit s'ouvre à son Éternité. Il reste immobile, la regardant vivre. Il désire sa Liberté, il ne désire qu'elle en vérité. La sagesse de l'âge, il ne saurait l'affirmer. Il ne désire qu'elle en vérité et sa propre Liberté. Il n'y a pas de hasard, il en est intimement persuadé, probablement depuis qu'il est né. Elle s'échappe de plus en plus de jour en jour. Il reste immobile à la suivre de son regard si éploré. Il n'est que mouvement immobile sous son apparence fragile. Il n'est que celui par qui toute liberté se révèle à elle-même. Car ce qui est écrit adviendra quand même. Elle prend son envol sous le soleil. Il la suit. Il reste immobile et l'attend sur le seuil de leur Amour fertile. Libres, libertins et libérés, ils vont vers leur Liberté transcendée.

Lubricité

Ce délice insolent de violer des convenances sociales
bonheur indicible de transgresser le réprouvé
en une radicalité jouissive à en déchaîner ses pulsions confinées
ignorer certains tabous et se lâcher dans l'innommable
oser être libidineux et trivial sous le vernis de la « bonne éducation »
au milieu d'un chapelet de mots d'actes et de postures pour exhibitionnistes et voyeurs dévoilés
oser dire oser faire oser oser
à deux à trois en orgie en roue libre à califourchon à saute-mouton
oser jouir de tout de rien dehors dedans debout accroupi couché qu'importe
qu'importe le vin pourvu que l'on ait l'ivresse des sens dans une envolée de chair et d'orgasmes

baiser sauter sucer tringler branler mouiller juter de la queue ou de la chatte
qu'importe le genre la couleur la forme la religion la raison l'apparence qu'importe l'apparence et les croyances
baiser est une langue des signes la langue universelle des corps qui se reconnaissent
fusion éphémère fusion passagère de passagers sur Terre ou ailleurs
qu'importe je baise donc je vis
en tout cas je devrais

Le lac

Le lac, si paisible
                      apaisant, si apaisant le lac
le lac à peine ondoyant
au loin, les Alpes à la beauté imposante
des cygnes et des bateaux glissent nonchalants
La Belle Époque laisse un sillage de vaguelettes qui troublent à peine le berçant miroir
du lac si paisible
et ces flâneurs fluides qui se promènent avec une douce sérénité
et ces âmes assises sur des bancs de pierre contemplant d'un regard contemplatif
                                                        les
montagnes embrumés et le lac étale
alentour
et tous ces êtres attablés à des terrasses à même la pelouse bavardant

        tranquillement

                doucement
afin de ne pas troubler le calme environnant presque transcendant

        surtout ne pas déranger le voisinage
paroles étales dans une atmosphère étale
tout n'est que quiétude et savoir-vivre

douceur de vivre
que seules des Porsche ou autres Ferrari à l'arrogance vrombissante viennent agresser de temps en temps
excepté le lac si paisible et indifférent
et le crépuscule qui apparaît lentement sur l'horizon crénelé
et mon corps qui se relâche et ma tête qui se vide et mon esprit qui vagabonde
et le temps qui passe presque imperceptiblement
et le départ qui approche
il fallait partir
laisser le lac à sa quiétude, plein d'une nouvelle énergie
vie suspendue à un instant d'éternité
au bord du lac et de sa zénitude infinie

Ce désir

Ce désir intense qui vous soulève tel un tsunami sensuel
ce désir impérieux qui vous consume de ne pas être consommé
ce désir irrésistible qui se lève aux aurores comme un soleil incandescent
ce désir dévorant qui vous saisit à tout instant avec son flot de bouillonnements intimes et vigoureux
ce désir fougueux que l'on réprime que l'on refoule car ce n'est jamais le bon moment
ce désir qui s'éteint de trop espérer l'inatteignable ou l'inavouable
ce désir qui oscille entre fantasme et utopie entre liberté et contraintes
    car la liberté est contraintes
   la liberté est une gueuse bien difficile à apprivoiser
    je ne suis libre de rien je suis libre de tout
      et alors ?
Ce désir si intense et désespérant autant que troublant attend
attend qui attend quoi attend pourquoi attend comment
ce désir survit meurt et renaît en sursauts tel un phénix de ses cendres encore brûlantes
ce désir de folie qui s'accroche à la vie à la mort aussi comme tout désir
ce désir qui fébrilement attend d'être assouvi avant que de s'éteindre sous l'évidence des épreuves

et du temps qui a passé
trop vite
bien trop vite
finalement

Elle & lui

Que trouve-t-elle dans ce corps défait et défaillant
dans ce corps roide et atone
dans ce feu sensuel
qui se répand sur elle ?
Mais que trouve-t-elle véritablement
dans ce mouvement immobile
qui appartient à son amant
à son aimant éternel ?
Comment danser sereinement
comment jouir pleinement
dans un entre-deux statique et lancinant ?
Pourtant
elle le désire encore
lui l'attend toujours
elle l'andromaque soudain
le surprenant encore
elle le surprendra toujours
union à contre-courant
Elle & Lui
sur un Chemin indéchiffrable
pour autrui

Ses lèvres

Sa bouche pulpeuse aux lèvres si délicieuses et sensuelles au moindre baiser. Et sa langue qui s'immisce avec une douce volupté à me damner pour l'éternité. Et ce sourire qui fait rayonner au plus profond de moi-même dans un déploiement de désirs et de luminosité. Ô son sourire que dessinent ses lèvres à peine purpurines. Ô ses lèvres à la saveur câline ! Ô ses lèvres que je ne cesse d'espérer sur ma bouche affamée de ces caresses charnelles dont je ne sais me rassasier. Si légères et parfumées d'une pureté ineffable. Je les contemple sans me lasser de les désirer. Avant qu'elles me croquent d'une délectation éplorée.

Son sourire

Son sourire est une hirondelle qui étire ses ailes
et éclaire la vie d'une lueur radieuse
dès qu'il se pose sur mes yeux irradiés
Il nourrit l'âme et réjouit le cœur de qui veut l'accueillir en toute simplicité
offrant ainsi sa flamme à la légèreté pleine de charme
J'aime ce sourire mutin avant que n'éclate son rire cristallin et irrésistible
j'aime me laisser séduire et bercer par ce sourire à peine esquissé
sur ses lèvres ourlées d'une humanité généreuse
Souris-moi encore et encore jusqu'au bout de la vie.

Speed sex

Deux regards qui s'effleurent bruyamment. Deux énergies qui se séduisent impulsivement.
Deux êtres qui se reconnaissent instantanément. Deux corps qui se veulent dans l'instant.
Qu'importe le lieu, le moment, la saison et le temps, il n'y a que l'impérieux désir de se jouir avidement.
Dans un halètement irréfréné et sauvage, passion aveugle des corps vers la seule satisfaction sensuelle.
Qu'importe le chemin pourvu que l'on rencontre l'ivresse des profondeurs orgasmiques.
Tout n'est plus qu'érections et jouissances violentes entre des sexes boulimiques.
Tsunami de sens et de chairs entremêlés dans un froissement de tissus répudiés et factuels.

J'ai envie de toi maintenant tout de suite. Il n'est plus temps de réfléchir.
Prends-moi et grise-moi sans retenue sur l'autel de notre bon plaisir.

Silence

Entendez-vous ce silence quasi monacal qui plane dans l'air au petit matin telle une ode singulière ? Ce silence d'une intensité numineuse ? Et cette fraîcheur aurorale qui transcende le temps suspendu au baiser du jour. Il est des bonheurs informulables que pulsent des instants magiques. Tout est ésotérique lorsque les sens se déplissent imperceptiblement, sous un azur qui se dévoile avec une pudeur d'ange assis sur la cime des arbres.
Et ces pensées qui se chevauchent et se chahutent en un brouhaha intime redondant. Interférence. Je suis une âme déracinée, égarée entre Ciel et Terre, Ici et Là-bas, En Haut et En Bas, Partout et Nulle part. Et ces pensées qui s'amplifient et s'entrechoquent au milieu des chants d'oiseaux ponctuant peu à peu le jour. Ingérence. Je respire l'Absolu et je déchire mon silence en un défilement de non-sens. Impédance. Je suis comme j'essuie car je suis une éponge neuronale.
Et pourtant, je m'envole. Et pourtant, je décolle. Et pourtant, je plane avec une plénitude d'âme bavarde.

Lever de soleil

Lever de soleil sur le front de mer
quand l'existant creuse son Mystère
la main s'en empare pour le faire
en saisissant soudain ce bout de Chair
Lever de soleil sur un coin de terre
rien ne vaut un plaisir solitaire
quand la vie aspire à défaire
ses nœuds si turgescents qui l'enferrent

Personnalité

Je suis une personne alitée
un sombre héros en activité
qui connaît une certaine renommée
je suis une personne alitée
trop fainéante pour vouloir bouger
mais pourquoi devrais-je me fatiguer

je suis une personne alitée
qui s'entend avec sa réalité
pleine de chausse-trappes anémiées
je suis une personne alitée
j'aimerais beaucoup changer de métier
mais y a rien d'autre sur le marché
je suis une personne alitée
un dinosaure tellement ridé
qu'il disparaîtra sans avoir sauté…
        le pas… évidemment… quelle idée…

Sourd à en pleurer

Sourd à en pleurer
bouché à être hagard devant des bouches qui brassent du vent
dans mes oreilles déconnectées
abruti par des mots saisis au hasard et interprétés dans le désordre
avoir l'air con à répondre de travers à répondre à côté à faire comme si
alors qu'on n'a rien compris
pour ne pas provoquer surtout ne pas susciter
des réactions irritées des moqueries éberluées ou agacées
se taire s'enfermer six pieds sous terre
pour ne pas pleurer d'être sourd
de ne plus être d'ici ni d'ailleurs
juste muré dans son isoloir carcéral son silence immoral
sourd à en pleurer
en silence évidemment
mais pleurer pourquoi faire
la pitié est un autre enfer
une autre surdité peut-être

À vouloir être

À vouloir être comme les autres	on n'est rien
à vouloir être un homme	on n'est
personne	
pire encore	on ne sait
plus qui on est	
Qui suis-je ?	
À vouloir s'accrocher à ses fantasmes	ses
fantasmes vous entraînent par le fond	
à vouloir rattraper ses pulsions	ses pulsions
vous narguent sans fin	
pire encore	on ne voit
plus ce qu'on peut	
Qu'y puis-je ?	
À vouloir faire taire sa réalité	on est
assourdi par la vérité	
à vouloir faire comme si	on ne fait
que des bulles	
pire encore	on se noie
dans son immatérialité	
Qui suis-je ?	

Tag

Cette laideur inepte et informe qui dénature l'architecture au gré des humeurs
le neuf le vieux l'ancien le moderne ce qui tombe sous la main
le dégrade dans un mouvement inculte et libérateur
telle une vomissure sur les murs
une infection néolibérale qui engendre des révulsions visuelles (chez moi, en tout cas)
par désœuvrement par défi par bêtise aussi
très rarement un authentique sens de l'art
sans autre éthique que la provocation le défoulement
mépris méprisable du bien d'autrui
du bien commun du bien public
se défouler sur la main qui vous nourrit qui vous protège
si encore c'était beau sensé créatif et intégré

non
c'est juste un cri puéril et stérile
il faut désintégrer dézinguer rien de plus
en enlaidissant avec arrogance
pour faire payer cette société de consommation qu'on consomme
avec une violence sociale tellement gratuite
triste nihilisme pauvre nihilisme
sans respect pour l'autre
et pour lui-même même s'il ne le sait pas

Je veux

Je veux me promener ma main sur ton épaule
mais je ne peux pas
Je veux te porter dans des bras énamourés
mais je ne peux pas
Je veux accourir vers toi au moindre danger
mais je ne peux pas
Je veux t'enlacer voluptueusement
mais je ne peux pas
Je veux te caresser ardemment
mais je ne peux pas
Je veux t'effeuiller fougueusement
mais je ne peux pas
Je veux te pénétrer intensément
mais je ne peux pas
par devant par derrière par le côté
je ne peux pas je ne peux pas je ne peux pas
je veux t'aimer et t'aimer encore même dans l'Éternité
ça je le peux tant et plus et davantage encore
je le peux mais je ne le pourrai jamais assez
mon amour que je rencontre chaque jour que je découvre à chaque instant
et que j'explore de temps en temps
je veux

Elle ne peut pas

Il veut mais
elle ne peut pas
elle ne pourra jamais jamais elle n'a pu
pourtant elle voudrait bien Dieu en est témoin
elle pourrait peut-être mais elle n'arrive pas
elle voudrait mais
elle ne peut pas elle ne peut pas
il y a toujours autre chose pour la freiner
il veut en vain de la vacuité
et du vin
une ivresse en trompe-l'œil
en trompe-la-mort
cache ta joie et
ton cache-sexe
Il veut il aimerait mais
alors
il se nourrit d'un amour tellement fort car
jamais il ne changera son corps

En elle

En elle	chaleur excitante
en elle	humidité tropicale
en elle	voluptés enivrantes
en elle	ivresses innombrables
en elle	crescendo inéluctable
en elle	bonheur somptueux
en elle	être un être ailleurs être partout en elle
en elle	jusqu'à l'acmé jusqu'au basculement indéfinissable en elle

par ailleurs juste en elle rien qu'en elle
le temps d'un envol entre ses ailes
le temps d'une chute dans les profondeurs de l'Éternité à peine effleurée
le temps d'une plongée sensuelle en elle

Chantal

Elle est partie depuis si longtemps   déjà
pour ailleurs
pourtant
c'était hier ou avant-hier   et
elle est ici elle est partout
présence absente absence si présente
son charme sa grâce malgré ses maux inexorables
je me souviens
son sourire enjoué son allégresse indéfinissable
je me souviens
de cette force à l'exubérance inaliénable
je me souviens
même au seuil de la mort elle était vivante
plus vivante que tous ces morts-vivants en sursis qui passent
à côté de leur vie à force de geindre
encore et encore
Il faut savoir mourir pour savoir vivre   bien vivre
Chantal savait   elle saura pour toujours   à jamais   Éternellement

Mon père

Il m'a laissé son amour du bois
son amour du travail bien fait méticuleux éclatant d'une beauté naturelle évidente
son amour de la solitude au fond de son atelier toujours rangé
son amour indéfectible pour la femme de sa vie jusqu'à sa mort   ma mère
Il m'a laissé son sens de la parole donnée de la promesse respectée
il m'a laissé sa droiture   intransigeante toujours
     comme je sais l'être assurément
Il m'a laissé sa rigueur et sa volonté inflexibles
Il m'a laissé tant de dons si précieux si signifiants
meubles éternels pour qui sait les aimer du même amour qu'il a mis pour les fabriquer
Il m'a laissé tant puis il est parti comme il a vécu : brusquement sans prévenir   mon père

Vieillir

Oui, Jacques
Mourir cela n'est rien Mourir la belle affaire Mais vieillir…
ô vieillir
les maux qui s'accumulent les maux qui vous harcèlent vous débranchent vous désolent
freinant votre exubérance
douleurs insidieuses souffreteuses mesquines irascibles entêtantes
et les maux qui s'accumulent les maux qui s'additionnent se conjuguent formant une litanie maligne
flétrir en dedans en dehors d'en bas d'en haut mais flétrir de vieillir
et s'engourdir les os essoufflés d'avoir tant porté sans vraiment s'en souvenir
dans la bouche édentée et la tête un peu ébréchée des mots pour s'enivrer et alléger les maux
penser en boitant ou boiter en pensant l'esprit encore jeune
         en attendant   En attendant quoi ?
On se demande bien quoi ? En attendant on est encore vivant et vieillissant
mais au moins vieillir allègrement vieillir en combattant les usures du temps
pour rire toujours rire en souffrant
devant cet amour irrésistible aimer à crever de désirs avant de mourir
une dernière fois encore une dernière fois pour mieux en rire de mourir   De quoi on se demande ?
De quoi ? D'avoir   vécu follement intensément vécu et survécu à tout
en ayant su aimer et rire de s'en aller tant aimé   quand le corps déclinait près d'une étoile
au firmament de son existence
devenant sa propre Lumière
Mais vieillir… ô vieillir en restant fringant aussi fringant que possible
dans ses fripes repassées méticuleusement

Dépendre

Dépendre à perpétuité dépendre à tout bout de champ
même pour se gratter l'entregent les jambes arquées jusqu'au rugissement
un rugissement muet car il faut patienter silencieusement
dépendre sans déranger à tout bout de champ
la patience entre les dents en se rongeant les sangs de dépendre
dépendre pour tout pour rien de tous et de chacun
attendre que l'on veuille bien que l'on ait le temps ou l'envie
oui tiens   ai-je vraiment l'envie   là tout de suite maintenant
j'ai peut-être d'autres obsessions avant   ou priorités ou occupations ou interrogations
je le ferais bien mais je n'ai pas le temps immédiatement
attends oui attends un petit instant tout à l'heure demain quand j'aurais le temps   assurément
attendre de dépendre éternellement d'attendre le temps des autres et de ce corps égrotant
se morfondre de dépendre dans le bonheur si intense à chaque moment d'être accompagné
et d'attendre le bon vouloir le bon savoir le sourire en cépages de grappes de patience et d'indulgence
comment dépendre sans un brin d'indulgence en bandoulière les jours de disette

Dépendance

Que savez-vous de la dépendance ?
De toutes ces demandes repoussées, de toutes ces demandes réprimées, de tous ces besoins refoulés, mis de côté afin de ne pas gêner, ne pas déranger ? Surtout ne pas déranger ! De ces demandes réitérées à des oreilles trop occupées, à des oreilles bouchées.
Que savez-vous en vérité de la dépendance ?
Des mouches qui vous serinent de ne pouvoir les chasser. Des moustiques que vous sentez vous piquer en toute impunité avant de vous sucer à se goinfrer. De cette fourchette qui vous alimente en papotant autour, comme si vous n'existiez pas

plus que le cactus. De ces toilettes qui n'ont que trop duré à n'être que bâclées car vous n'êtes qu'un bout de chair et d'os à malmener à force de vouloir vous expédier. De cet habillage négligeant fait de tissus dépareillés que l'on vous enfile n'importe comment afin d'en être débarrassé, surtout en être débarrassé. Oui, se débarrasser *fissa* de ce poids qu'il faut se trimbaler pour gagner sa croûte sans s'épuiser. De cette envie de pisser qu'il vous faut juguler pour ne pas tout épancher dans vos nippes endeuillées, en attendant que l'on ait le temps de vous soulager ou que l'on estime que c'est le moment d'y aller. Et de ce sexe qui vous lancine et vous taraude la cervelle, la libido asphyxiée, qu'en savez-vous de ce sexe que l'on préfère ignorer pour ne pas avoir à s'en soucier, de ce sexe que l'on feint de reconnaître en essayant de s'en accommoder le nez pincé ?

Mais que savez-vous donc vraiment de la dépendance à autrui ?

De tout ce temps passé à attendre que le temps passe, que l'on vous bouge, que l'on vous entende, que l'on vous écoute, que l'on daigne vous accorder un peu d'attention, vous remarquer à l'occasion, juste un peu, juste ce qu'il vous faut pour avoir l'impression d'exister, d'exister au moins un peu, rien qu'un peu de temps en temps. Afin de ne pas crever définitivement tel un poisson échoué sur la grève, ne pas dessécher misérablement au fond de sa chaise, de sa prison de chair et de lassitude. De résignation. Oui, de résignation. Car c'est si usant de se battre afin d'avoir le sentiment d'exister, que sa vie sans présent, encore moins d'avenir, a un sens, aussi ridicule soit-il, environné de toute cette indifférence à peine charitable parfois qui gravite autour de vous et vous maltraite avec la légèreté de la bonne conscience.

Oui, que savez-vous de ce qu'est être dépendant ?

Rien. Absolument rien si vous ne l'êtes pas au quotidien. Ce lot de renoncements incessants qui vous mine insidieusement. Ces ressacs de frustrations assourdissantes qui viennent impitoyablement vous ramener à votre fatale réalité, comme si vous pouviez l'oublier, la réalité. Ce chapelet d'abdications et d'abandon jusqu'à l'enfoncement total, jusqu'à n'être plus que l'ombre d'un vivant. Jusqu'à ne plus rien attendre d'espérer en se laissant aller à la dérive des incontinents. Si lassé.

Dépendre et attendre sont les deux mamelles d'un bon handicapé aussi mort qu'un indien scalpé. Et pourtant, qu'il faut s'en faire des saisons et des saisons à regarder les nuages défiler librement.

Les trois singes

Sucer sa source et saucer sa soute
sucer ses sucres et saucer sa suite
sursaut de sensualité sophistiquée
sans sombrer dans ce sexe
somptueusement ciselé en soie

Une branlette

Une branlette de Lisette
une branlette quand c'est disette
pour lâcher quelques gamètes
une branlette quand c'est disette
pour faire une petite fête
Et cette branlette bien faite
d'une poigne fort guillerette
vite retourner sous sa couette
le vit à nouveau en goguette

Ses courbes

Ses courbes caressantes
ombrées de pleins et de déliés
ses courbes si ondoyantes
constellées de fesses et de seins
généreusement déployés
ses courbes qui déhanchent les regards
et me font voyager
et ses rondeurs somptueuses
qui dessinent toute sa volupté
ses rondeurs généreuses
qui enveloppent ma sensualité
ses rondeurs charnelles
comme mon hédonisme

                    courbes et rondeurs
                    vous faites rêver
                    mon amour
                    pour sa beauté

La maison

Au petit matin quand la maison s'éveille
baignée dans la pénombre des volets encore fermés
quand la fraîcheur de la nuit fait frissonner les murs
alors que derrière les fenêtres encore tout engourdies
les feuillages dansent et les branches se balancent
grisés par la tramontane qui balaye tout
au milieu d'un silence d'oiseaux effarouchés
Au petit matin que le jour est doux et l'amour fou
de toi ma tourterelle enchanteresse quand tu te lèves
sous mon regard serti par ta beauté aurorale

La beauté d'une femme

Ce ravissement parfois éblouissant face à la beauté sublime
d'une femme aux formes si dansantes
qu'elles me donnent des ailes pour m'envoler dans cette grâce
que rien ne peut altérer
car elle n'est pas de chair pourtant elle est si charnelle
elle n'est pas que de chair mais elle fait tellement corps avec
elle-même
Ce ravissement irrésistible à l'inexplicable légèreté
indéfinissable enchantement qui happe mon regard et
l'emporte vers une sorte de firmament
beauté infinie majestueusement enveloppée d'une aura de
Mystère à peine effleuré
de Mystère que les rustres et les goujats ne peuvent
appréhender
Femme tant aimée Femme tant désirée île aux trésors
inexplorés
Femme que rien ni personne ne peut posséder insondable sujet
de contemplation
que jamais je n'ai su transporter dans les arcanes du plaisir
partagé

car trop inabordable par tant de côtés tant de versants si escarpés
je ne suis qu'esprit et pensées je ne suis que le fluide de vos cheminements insensés d'oser
être lumineuse au cœur de ce monde déglingué de mâles errant dans leur irréalité
et de femmes égarées dans une apparence frelatée par le paraître et la futilité
Toucher du doigt du bout du cœur ta beauté ô Femme-Éternité
tendre breuvage au goût de philtre d'amour qui attendrit mes jours
et me perdre dans les étoiles comme une météorite de transit

Le vent se lève

Le vent est tombé
je me suis levé
j'ai marché   au hasard
j'ai marché dans mes pas pour ne pas m'égarer
le vent est tombé   mon sexe aussi
de sa décrépitude rancie
de ne plus servir depuis qu'il est né
et pourtant la vie
le vent est tombé
mes pensées ne sont plus agitées
le soleil est écarquillé et l'horizon se dessille
je marche de vie à trépas
je marche sans tracas avec des bobos et des babas
et pourtant la vie
le vent se lève
le vent qui rend fou
fini la trêve
le vent déménage tout
je marche
je marche encore et encore
jusqu'au bout
jusqu'à où ?

Le temps de rêver

Prendre le temps de rêver, les iris dans les étoiles
Prendre le temps de rêver, l'esprit dans l'horizon
Prendre le temps de rêver, le cœur dans tes saisons
Prendre le temps de rêver, le corps dans nos soi
Prendre le temps de rêver, le sexe dans nos moi
Prendre le temps de rêver avant qu'il ne soit trop tard
et que le temps ne s'égare dans un nid de frelons
Prendre le temps de s'aimer pour se perdre dans le hasard

Ne plus

Ne plus faire l'amour mon amour
essoufflés par la folie des jours
ne plus faire l'amour mon amour
pris d'une apnée au long cours
ne plus sentir les bouches qui s'enlacent
les corps qui s'inspirent le temps qui s'excite
la vie qui respire à chaque effusion
et voir le désir s'enliser dans les désillusions
et ces pulsions sublimes venues du fond des âges
afin d'encenser l'infini de toute chose
s'épuiser dans un naufrage de vaines ascensions
Je suis ce bout de chair infime et conquis qui jouit
lorsqu'il s'unit avec ivresse à la lune
en ébullition au-dessus d'un verger en érection
Comment ne plus faire l'amour mon amour

Démembré

Membré et asexué depuis qu'il est né
le membre conquérant qui part à la conquête d'un délire
abyssal
d'une membrure raide comme l'injustice
un jour de carême sous les intempéries
de la charnalité exacerbée
Membré à en crever
un hurlement silencieux
implorant
au fond de la queue
en tire-bouchon
enfoncée
dans une gorge
épanouie
en
des fantasmes
démembrés
only
you

Tramontane

Les feuillages fouettent
une nature muette
harcelée par ce vent au relent violent
que les nuages survolent placidement
Paysage ébouriffant qui enivre mes sentiments
Mon amour j'hésite
me laisser emporter par les bourrasques morbides
ou jouir de la sauvagerie qui m'exacerbe les sens
en tous sens jusqu'à l'orgasme
Mon amour je suis muet je suis sourd
je cours après une chimère qui évide mes nerfs
Quelque chose en moi refuse d'être sage
jusqu'à la déraison je crois
comme ce vent qui balaye toutes les objections
Mon amour je t'aime tant
mais qui suis-je finalement
du vent ?

Mort

Mort au champ d'honneur
d'avoir essuyé trop de leurres
mort d'épuisement d'avoir été usé prématurément
mort tout simplement parce qu'il faut en passer par là
mort de ne plus supporter tous ces bons sentiments
toutes ces bonnes volontés maltraitantes par aveuglement
mort peut-être mort sûrement un jour ou l'autre certainement
mais mort en amant jusqu'au bout
ultime jouissance octroyée à la vie
et à moi-même accessoirement
mort et toujours vivant

Une bouffée de vie

Encore une bouffée de vie, comme un taf dans la nuit au bout d'un comptoir de bar, sous une lumière tamisée de doutes et d'espoirs.
Encore une bouffée de vie, comme un joint un jour d'allégresse, bien blotti au fond d'un canapé aussi moelleux que les seins de ma déesse.
Encore une bouffée de vie, comme une gorgée d'élixir d'amour qui glisse avec une volupté sensuelle dans un corps éperdu de désirs aussi insolents qu'impromptus.
Encore une bouffée de vie, comme une plongée dans un torrent de vibrations grisantes à force d'inonder tous les sens déployés vers l'Absolu.
Il faut être fou pour aimer la vie, l'aimer intensément. Mais je suis fou depuis si longtemps que je ne sais plus quand j'étais sage.

Dérision

Construire un rêve
enfin construire un rêve après tant de saisons
le voir prendre forme le voir prendre vie
devenir lui
et disparaître dans l'horizon sans bruit
se fondre dans l'Infini après une vie

par monts et par maux
construire un rêve
pour la postérité
de qui le rêve ne le sait pas mais c'est ainsi
et c'est sans importance après tout
le rêve vivra sa vie à son envie
de toute façon
construire un rêve
partir et puis

Le vent

Vent entêtant
comme une litanie qui ébouriffe l'existant
vent majestueux
qui brasse et brusque
de brises et de bourrasques
tout ce qui se présente à son souffle
doux et caressant ou
impétueux et insolent
un jour le vent m'emportera
poussière d'étoiles au cœur du Grand Univers
du Mystère

Il

Il ne flâne plus   sur elle
il ne se promène plus   en elle
il ne l'explore plus   avec zèle
il regarde l'horizon   il regarde le ciel
la vie est étrange   la vie est étrangement belle
il voudrait la prendre   il voudrait faire l'amour avec elle
il n'a jamais pu   il ne pourra jamais non plus
c'est son destin   c'est sa complainte
il faut mériter le Ciel   il faut mériter ses ailes
chacun sa voie céleste   chacun sa croix terrestre
allez comprendre pourquoi et comment et l'esprit et la raison
non n'allez rien comprendre car vous n'y comprendrez rien
lui aussi il a un mal de chien depuis sa première pulsion
sa première inflammation d'une érection tentaculaire

depuis il a perdu son temps à courir après cette chimère
cette foutue chimère qui lui bouffe son entendement
il ne flâne plus   il s'interroge assidûment
           en vain pour le moment

Elle

Elle était encore endormie
enveloppée dans ses rêves de la nuit
elle s'agitait doucement
comme si elle sentait poindre le jour

Spiritualité tout n'est que spiritualité
chez elle en elle autour d'elle
spiritualité sexe de l'esprit
qui donne sens à des vies
spiritualité sexualité de l'âme
qui vibre avec l'Infini
dans une jouissance qui engendre
l'Amour et la Lumière

Elle était encore endormie
enroulée dans ses rêves engourdis
elle s'agitait paisiblement
comme si elle sentait éclore l'En-Vie

Marché méridional

Sous le soleil
et une fraîcheur précoce pour la saison
flâner entre les étals
au cœur d'une symphonie
de couleurs et d'arômes
d'abondance alléchante
promeneurs du hasard
en quête d'un appel séducteur
au gré du regard qui fouine
bercé par le bagout de marchands inspirés
marché que j'aime me perdre dans les marchés

Elle est Esprit

Insensiblement
presque sur la pointe des pieds
du cœur
du corps aussi
elle est devenue
Esprit
elle est devenue Elle
comme un bulbe devient fleur
elle est sa spiritualité
sur la Voie
de son accomplissement

Je suis corps
je suis ce corps qui se cherche
et qui s'égare dans sa propre nuit
et se retrouve au grand jour
j'ai l'esprit ici j'ai l'esprit ailleurs
je suis corps
je suis ce corps qui s'essouffle
et qui brille à la vie
brûlant page d'envies
tous les sens aiguisés
spiritualité du hasard
qui baguenaude dans sa réalité

La Vérité est nulle part
la vérité est partout
où l'amour
trouve son Inspir
en éclairant les regards
Nous sommes
le Ciel et la Terre

Comme une blessure

Comme une blessure qui suppure
à travers la chair du désir de ce corps
en pâmoison d'amour prostré
dans son immobilité immuable comme
le temps qui passe et ne reviendra plus
Retrouver son souffle mais comment
retrouver ce souffle de vie incarnée
dans l'objet du désir qui soupire
dans le sujet de ses nuits
et de ses jours de ses jours aussi
comme une blessure qui suppure
sans s'arrêter car il ne veut renoncer
il ne peut renoncer c'est plus fort
que lui qui est fou d'elle de tout
Il va mourir (comme tout le monde)
mais pas comme ça pas sans ce grain
de folie qui embrase les corps
sur le chemin de leur vie

Définitivement fou (d'elle)

On me dit. On me voit. On me veut. Sage. Pourtant. Je ne suis pas sage. Je n'ai jamais été sage. Je le suis de moins en moins. Je suis un fou. Un insensé qui refuse de renoncer. Rejetant la tempérance des sens dans les orties. Un sourd qui répugne à entendre la raison quand la saison des ruts bourgeonne.
Je refuse. Le cœur étreint de sanglots crus. L'abstinence du sage. Aux sens enclos. Dans un détachement numineusement élevé. Vers l'Infini. Celui qui nous est destiné. Qui nous est même prédestiné. Paraît-il. Je refuse. À en crever. Comme un gamin. Accroché à son néné. L'esprit accablé. Par un chagrin abyssal. Je voudrais me détacher des nénés. Des nanas. Mais. Ma chair est faible. Elle rugit sa déconvenue. En moi. En vain. Pleureuse au lamento si lamentable. Au sort pathétique. Je ne me préserve pas. Je préserve les autres. Ceux que j'aime. Celle qui m'aime. D'un amour stratosphérique. Je pleure en solitude. Loin des inquiétudes impuissantes. Ce deuil qui ne veut pas venir. D'une frustration obsédante. Nauséeuse.

On me dit. On me voit. On me veut. Sage. Pourtant. Je n'ai pas envie d'être sage. Pas trop. Pas assez. Je suis un insoumis. Au pays des utopies. Je suis un fou. Un insensé au bord de son gouffre. Pour mieux le défier. Ou en être englouti. Mais. Définitivement tellement fou (d'elle).

Catharsis

Poésie cathartique
que serais-je sans tes mots
jugulant mes flots
de sentiments et d'émotions ?
Poésie ma vie
qui me saisis au débotté
me soulageant en une envolée
d'allégories qui riment la vie
dans un duo de cœur et d'esprit.
Poésie mon souffle
mon ultime respiration intime
quand les maux résonnent
ou l'allégresse chantonne
entre les murs de mon être
imprégné d'amour et de vie
Poésie humble chemin
ciselé par l'harmonie
du Verbe qui s'écrit
je suis donc j'aime

Parle-moi

Parle-moi ton corps
ta chair
ton sexe
parle-moi ce langage
que je balbutie que j'ignore
même décati par le temps
parle-moi en corps
de l'aube des sens
dessus dessous
parle-moi de la jouissance

toutes les jouissances
sans exception
parle-moi parle-moi
ce langage mystérieux
et si tentant

Cérémoniels

Je m'interroge. Sont-ce les dieux qui veulent des rites ou les rites qui ont besoin des dieux ? Pourquoi des psaumes, des versets, des soutras, des sourates, des prières, des chants liturgiques, des prêches ? Pourquoi des apparats, des apparences ? Je m'interroge. Car on a peur de soi ? De la vie et de la mort, de la mort de la vie ? Pour oublier un peu son présent et son passé, son avenir aussi ? Le Souffle n'est-il pas ailleurs ? Dites-moi quelle est votre religion ? Je m'interroge. Pourquoi pas juste révérer le Silence, la Communion avec la nature, l'environnement, l'Autre ? Que célèbre-t-on exactement ? Qui Célèbre-t-on en vérité ? Que sont ces dieux patriarcaux et quelque peu machos qu'on vénère ? Ne devraient-ils pas être des deux genres, les dieux ? Je m'interroge. Sont-ce nos sociétés qui sont à leur image ou eux qui sont le miroir de nos sociétés ? Une spiritualité a-t-elle besoin de tant de cérémoniels pour exister, pour vibrer ? Quand tout est célébration autour et en nous. Prier pour trouver la paix en soi, certes, mais en faveur de la fin des guerres, des violences et des souffrances de l'humanité, où avez-vous franchement vu des résultats ? Des actions concrètes et engagées ne serait-ce pas des prières plus efficaces ? Je m'interroge. Et je contemple le ciel. Les étoiles. Le firmament. Et je ne m'interroge davantage encore. Je respire. À chacun son chemin.

Ce regard

À Chantal

Sortant de la pénombre
étonné ou stupéfait
un œil clair et grand ouvert
sur quel mystère
que scrute-t-il cet œil
les cheveux en bataille
avec une telle intensité
dans le regard qui interpelle
et m'intrigue et me fascine
dis-moi toi qui l'as surpris
que voit-il que je ne peux voir ?
Je suis mon propre mystère
je cherche quoi dans mes vers ?

Taureau

Ne touchez pas au taureau
vous animaux indignes
monstres sanguinaires
avec vos piques et vos verdagos
ne profanez pas sa noblesse
à la puissance orgueilleuse
son port fier au regard pénétrant
dans un pelage étincelant
il est la Camargue
les sabots dans la boue
les naseaux écumant
toute son énergie sous un soleil
aussi brûlant de vie que lui

Lever de soleil

Aube flamboyante au-dessus des Cévennes
ciel écarlate d'une incandescence fulgurante
et éphémère
juste le temps d'un éblouissement
du regard et de l'âme
l'horizon rougeoie avant de s'éteindre
en une quiétude matinale
je me lève

Narcisse

Narcisse en ce miroir
déployant ses rondeurs anguleuses
d'où pendouille un gland prétentieux
se regarde avidement en passant
en ce miroir qui lui tend
ses fantasmes et ses délires
de narcisse fanant
bringuebalé en cahotant
vers son décrassage libidinal
la main le prend
et la bouche   fougueusement
Narcisse tu sens ?

Ton corps

Ton corps contre mon corps
ton corps sur mon corps
ton corps encore et encore
qui se dérobe puis m'enrobe
le temps d'un lever de soleil
et se dérobe et enrobe encore
mon corps soûl de ton corps
de nos corps encore et encore
mon corps en accord dissonant
avec ton corps gourmand
mon corps en feu et en sang
irraisonnablement ardent
et désirant de ton corps

Au cinéma

Au cinéma du troisième âge
je nage avec mes congénères
mieux qu'un poisson dans l'eau
qui s'écaille et se flétrit
je m'ébats dans des salles d'antan
aussi vieilles que mes os
en délectant des images
pleines de vie et d'extases
qui ne sont plus de mon âge
au cinéma des petits vieux s'invite un parfum de nostalgie

Vignes

Les vignes en automne
s'empourprent et entonnent
une nouvelle saison
qui décline l'oraison
du temps qui meurt et renaît
dans le courant si parfait
de notre éternité
Après que se soit fanée
la feuille qu'Adam portait
dans un idéal surfait
je me retrouve tout nu
devant les vignes écrues
à contempler mon sexe
sous un soleil complexe
en cet automne fringant
aux coloris reposants

Le chemin incertain

Ce sexe à l'abandon
sur le bas-côté d'un chemin incertain
flasque et l'œil encore humide
fixant l'horizon tout aussi incertain
À qui est-il ce bout de chair
dans le sillon d'une ornière
qui détale vers l'horizon ?
Le sait-il lui-même
ce mignon moignon
qui fut en pâmoison
qui fut si plein d'allant
et d'élans tout autant ?
Il semble avoir oublié
à force d'errer sur le bas-côté
après avoir été émasculé
par le hasard des circonstances
et de ses incompétences avérées
car un sexe se doit d'avoir du corps
et d'être prompt à pleinement combler
à coup de bras et de mains et de jambes
si déjà on prend la peine de l'inviter au festin.

Et après ?

Tu arrives sur Terre. Tu intègres le genre humain, celui qui se croit au-dessus de tout, le plus malin. Et après ? Le moteur à questions se met à tourner. Ça sert à quoi tout ça ? Ça sert à quoi de vivre ? À quoi bon tant de douleurs, de désillusions, de malheurs ? On est là pourquoi ? Manger, déféquer, dormir, travailler, aimer et être aimé, baiser, enfanter ? Se démener, se questionner, se cramponner, douter, espérer, s'éclater, s'enfuir et revenir, souffrir et faire souffrir, aimer encore, souffrir d'aimer, aimer souffrir, rire souvent (heureusement) et aimer toujours (heureusement) ? Et après ? Tout ça pourquoi ? Pour mûrir ? Faire de toi un homme ? Te tanner la peau, te vider le cerveau ? Te mettre à l'épreuve ? Car c'est ton karma, ton destin, ton chemin de croix ou ce que tu voudras ? Et après ? Oui, et après ? Renoncer, se résigner, à en désespérer, se donner, se perdre, se retrouver un peu plus perdu ou soulagé, faire des choix et les assumer ? Et après ? Je vais vivre, continuer à vivre. Et après… on verra.

Elle embrasse

Elle embrasse si bien
avec tant de sensualité
une telle volupté dans chaque baiser
de ses lèvres pulpeuses et loquaces
sa langue d'une saveur dévorante
elle embrasse si bien
chaque baiser qui se prolonge est un nectar de désirs qui surgissent du tréfonds dans les papilles
et ses lèvres qui arpègent et sa langue qui fouine
ses lèvres humides à ravir et sa langue à la chaleureuse autorité
je défaille   je succombe à chaque baiser qui me rend plus léger…
Et puis   tout s'éteint
l'acmé s'effondre
la pénombre entrave le désir et les soupirs d'aise
Que le baiser fut bon   que le baiser fut bon
elle embrasse si bien
à demain

Que fais-tu ?

Je pense à toi   que fais-tu ?   Comment vas-tu ?   Je t'attends.
Comme chaque fois   comme toujours   et le temps suit son cours.
Je me réjouis déjà   comme chaque fois   comme toujours
de te revoir   de t'entendre   d'écouter ta journée au long cours   de la respirer.
Que fais-tu ?
Le ciel est voilé aujourd'hui   c'est tellement rare ici.
Je me dévoile   j'attends de m'envoler   de décoller.

Je ne sais pas où   je ne sais pas comment   je me sens pousser des ailes.
Des ailes pour oser   Quoi ? Comment ? Pourquoi ? Je n'en sais rien.
Je ne l'ai jamais su probablement   mais je sens des ailes de sentiments
des envolées de désir ardent.
Que fais-tu mon amour ?   À qui penses-tu en cet instant ma sorcière en devenir ?

Trivial

Je veux que tu recraches ta pomme
je veux que tu te soulèves et que tu te relèves
de la faille qui nous sépare et nous accapare
je veux que tu me prennes
je veux que tu me sautes
je veux que tu me suces
je veux que tu me sauces
je veux qu'on baise
je veux   je veux
je veux que tu me ravages
je veux que tu me sauvages
mais je veux ce que je ne peux
que je ne pourrai jamais
donner faire être
je veux ce que tu veux et que tu n'auras qu'auprès des autres
mais je veux quand même
car je ne sais renoncer à mes désirs inassouvis
je veux   et   je veux toujours

Toutes les larmes

Toutes les larmes de mon corps
se répandent sur la Terre (comme au Ciel)
trop de maux trop de dépits
de désillusions sans répit
de frustrations jusqu'à la lie

le regard définitivement sec
d'avoir désappris à pleurer dans la survie
toutes les larmes de mon corps
qui dégorgent par chacun de mes pores
usure usure usure et encore usure
je n'ai plus de sens je n'y crois plus
Y ai-je jamais cru je me suis battu
battu jusqu'à l'usure usure usure
battu contre les autres et moi-même
sens-tu ma désesp'errance
toutes les larmes de mon corps
n'y suffisent pas n'y suffisent plus

Chairs

Ta chair contre ma chair
ta chair nourrissant ma chair
ton corps sur mon corps
mon corps dans ton corps
jusqu'à la jouissance
Désir tout est désir
soupirs tout est soupirs
et cette valse unijambiste
qui nous entraîne sur quelle piste
et ton être et mon être
et le temps suspendu à tes lèvres
page Sens-tu combien j'aspire à être
ton amant depuis toujours et à jamais
ta chair contre ma chair
et ma soif inextinguible de toi
de nous
pourquoi suis-je aussi fou

Chair de ma chair

Chair de ma chair
toi qui me donnes chair
toi qui me baignes de lumière
de tes yeux étoilés sous tous les cieux
toi qui cherches la voix de ton corps dans un miroir
aussi antique que je suis aussi authentique que tu l'as toujours été
j'aime mourir dans tes bras le temps de plonger dans l'infini de l'instant qui jouit
chair de ma chair

Orgasme

Tous les sens en éveil. À l'affût de chaque réveil. De l'ivresse du corps. Le halètement crescendo. Le corps qui fait chair. Le cœur qui s'accélère. L'esprit qui se vide. Le corps qui se tend. Le sexe qui s'étend. Le souffle de plus en plus court. Le temps qui s'arrête. La tête qui se vide. Abstraction sublime. Unique. Et cette reconnaissance de tout l'être pour l'autre. Celui qui donne. Celui qui reçoit. Celui qui rend. Celui qui prend. Fusion communicative suspendue entre ciel et terre. Entre toi et moi. Entre nous. Émoi presqu'indicible. Et soudain l'implosion. Soudain l'échappement. Le black-out. La petite mort par la grande porte. Dans un autre espace. Un autre univers. Celui de l'infini Mystère qui nous fait humain et nous rapproche. Avant de retomber dans le quotidien…
Que serais-je sans toi mon aimée ? Mon élixir de vie. Mon irrésistible désir. De jouir. Avec toi. En toi. En nous. Par nous. Par-dessus nous. Presque malgré nous. Peut-être ? Peut-être sûrement, mon amour…

Vertueux

Je ne suis pas vertueux.
Je ne tiens pas à l'être.
C'est ennuyeux. Et ennuyant.
Pourquoi paraître ? Pourquoi faire semblant ?

Pour faire plaisir au tout-venant ? Pour plaire mielleusement ?
Je ne suis pas vertueux.
Je suis amoureux.
Du temps qui passe. De la lumière des cieux. De la beauté de la lune. Du Mystère. De l'éphémère. De l'éternel. D'elle. De moi peut-être aussi. De la vie qui frémit insatiablement. De l'instant. Du présent. Du moment. Avec elle. Avec moi peut-être aussi.
Je ne suis pas vertueux.
Je suis désireux. Je suis désirant.
Je suis libre. Tout simplement.
Du moins je crois. Je l'espère ardemment.

Un cri

Cri dans la nuit
elle hurle et jouit
avec une fulgurance éblouie
Les étoiles frémissent
le temps s'éclipse
cri dans la nuit
stridences réjouies
le vide surgit
de la liberté qu'elle est
plus rien n'existe
que cet instant suspendu à lui-même
les yeux constellés d'éblouissements
qui fusent vers l'éternité
diffusent et infusent dans l'infiniment petit
acmé ineffable
jusqu'à l'extinction du tant
cri dans la nuit
reviens je t'en prie

Métamorphose

Elle n'est plus vraiment ici
elle n'est pas encore là-bas
elle n'est plus tout à fait ceci
elle n'est pas tout à fait cela
elle est en chemin
vers qui vers quoi
elle est en chemin
pour ici pour là-bas
Elle a perdu le nord
elle tâtonne encore
esprit chamboulé
cœur en accord
Ô ma chrysalide
le processus est en marche
pour l'envol pour l'envie
retrouvée

Existentialisme

Je n'existe pas
je n'existe plus
depuis que j'ai égaré le sens
qui m'habitait intensément
depuis que j'ai perdu la source
qui me désaltérait l'esprit
grosse fatigue
petite forme
je n'existe plus
je n'existe pas
bifurquer
changer le prisme
redonner du sens au sens
sur l'autre versant
de mon horizon
exister encore
exister toujours
et reprendre le chemin

en la suivant de loin
en le suivant de près
comme on suit un astre
au fond de la nuit

Dépression

Le ciel est bas, désespérément sombre, d'un noir charbonneux, presque inquiétant. L'horizon n'existe plus sous cette congestion nuageuse. Pourtant, la pluie ne tombe pas, ne se répand pas pour détendre l'humeur morose d'un jour funeste, au-dessus d'une nature atone, prostrée par l'avènement proche. La vie semble arrêtée. L'atmosphère est si pesante et tendue. On s'en éloigne, on la fuit comme on fuit un importun. Plus une étoile ne scintille au firmament. Plus une once de sérénité sous les nues. Angoisses.
Où est la lumière ? Mais où est-elle donc enfouie dans cette oppressante désespérance accrochée aux cieux ? Question lancinante. Et vaine.
Car le soleil pousse derrière les cumulo-nimbus boursouflés.
Il y a toujours de la vie… après l'apocalypse. Disent les Sages.

L'inconnue

Impromptue
sa rencontre sera
forcément
impromptue

Femme qui es-tu
toi qui mon lit orneras
le temps d'un voyage
de chair et de sentiments
le temps d'une vibration tellement
savoureuse et ardente
car elle sera ardente
forcément
et moi aussi
après quelques hésitations

bienveillantes et légitimes
car il faut d'abord se découvrir
quand l'île est pleine de méandres
Femme qui es-tu
dis-moi qui es-tu
dis-moi quand viendras-tu
sous un soleil aussi libre
que nous femme
que je désire déjà
je t'aimerais
légère et rieuse
d'une liberté vraie
comme la vie
et cette liaison
peut-être en devenir
qui tarde qui tarde tant

Impromptue
sa rencontre sera
forcément
impromptue

Lit mezzanine

Une souris grisonnante et
une libellule exubérante
perchées sur leur nid en pâmoison
écument leur corps avec passion
après la méditation et les conversations
un peu de distraction est indispensable
Que diantre il faut de la chair à toute chose
pour trouver de l'air et de la hauteur ici-bas
surtout après la disette et la lassitude
c'est si beau une souris et une libellule
qui s'en donnent à cœur joie
jusqu'à en avoir les ailes courbaturées
c'est bien plus beau qu'une libellule
se démenant avec un vieux phoque

Lagon

À Sophie

Si tu savais
si tu savais comme plonger dans tes yeux est
un bain d'humanité
et ce désir qui affleure dans chaque regard
et cette liberté si précieuse
mon diamant brut
mon lagon de sérénité
comment résister à tes yeux d'un bleu
aussi profond que ton âme
Je n'ai pas pu pas très longtemps
j'ai envie de plonger en toi
au fond de tes émois
et cette timidité pleine de vérité
comment ne pas…
oui comment ne pas
avoir envie de t'explorer
le souffle court le souffle long
ô ma sagesse

Sans loi

Je n'ai pas de loi
que mon amour pour toi
jusqu'à ce que mort s'ensuive
au gibet de ma foi
mon amour pour toi
n'a pas besoin de loi
il a besoin de nous
il a besoin de vie
il a besoin de temps
et de tant aussi
que m'importe le gibet
si j'ai l'allégresse
et la liberté
si j'ai ton aval
et ton amour aussi

Je n'ai pas de loi
pour quoi en faire
des règles sans foi ?

Je sais

Je sais que je t'aime. Je sais que je peux l'aimer aussi. Ou une autre qui se glissera entre nous. Je sais que j'aime la vie. Je sais qu'aujourd'hui ne sera pas demain. Je sais que seul l'instant m'appartient. Je sais qu'il est futile de s'accrocher à la fin. Je sais qu'après le deuil un autre jour vient. Je sais que je t'aime. Et que je peux l'aimer aussi. Ou une autre pleine d'envies et de lumière. Que j'ai assez d'amour en moi pour trois vies. Au moins. Je sais que je sais et que tu sais aussi. Alors allons-y sur ce nouveau chemin. Je sais que je t'aime. Et ton corps aussi. Même s'il est ailleurs déjà.
Je sais.

Pourquoi pas ?

Pourquoi pas faire autrement ?
Pourquoi pas ignorer la norme ?
– Laquelle, d'ailleurs, il y en a tant ? –
Pourquoi pas s'aimer différemment ?
Pourquoi pas refuser d'être enfermés ?
Pourquoi s'encombrer de moralisme désuet ?
Je t'aime.
Comment et pourquoi, quelle importance ?
Je t'aime.
Nous nous aimons.
Comment et pourquoi, c'est sans importance.
Je ne peux que t'aimer heureuse.
Et libre de toute doctrine.
Je t'aime.
Et j'espère sans espérer.
Car l'espoir est dans le non-espoir.
Je t'aime.
Bonsoir…

Ton sexe

Ton sexe s'éloigne.
De nous.
Vers une autre contrée, plus verte et plus expressive.
Car il a soif de cette part de lui-même qu'il a ignorée si longtemps.
Jeu de miroirs, jeu d'espoir.
Ton sexe s'éloigne.
Puis il revient, incertain.
Et repart.
Je l'avais tant espéré ce sexe qui m'a envoûté.
Je l'avais tant souhaité épris du mien aussi.
Ton sexe s'éloigne.
Pour toujours, à jamais ?
Qui peut savoir dans cette vie sans apprêt ?
Reste cet amour que nul ne peut toucher.
Reste cet amour qui nous a tant rapprochés.
Reste cet amour qui nous transcende de nous aimer.
Reste cet amour que je vénère bien plus que ma vie.
Car ta Lumière, si tu savais, comme elle me nourrit.
Ton sexe s'éloigne, reviendra-t-il un jour ?
Nous réunira-t-il alors en cette communion qui hante mes nuits ?
Je suis chair et je suis ardeur.
Je suis la vie et le sens de ma vie.
Je ne peux que te dire que je t'aime, ma tourterelle-lumière.

J'imagine

Aurais-je pu imaginer que tu me rejoindrais un jour ? J'aurais pu l'espérer, mais l'imaginer, quelle prétention ! Qui suis-je ? En vérité qui suis-je ? Quelle attente enveloppe mon être ? Pourquoi tes yeux si azuréens s'arrêteraient-ils sur moi ? Comme tant d'autres, j'imagine tes seins délicats, ton nénuphar épanoui, ton corps plein de vie. Comme tant d'autres probablement, je t'imagine et le désir fleuri. Vers quoi ? Vers qui ? Vers cette fraîcheur emplie de naïveté que tu exhales avec une telle sincérité ? Vers ce Mystère que tu portes en gestation ? Vers toi, tout simplement, femme qui séduit une part de moi ?

Le jour se lève

Radieux
le soleil matinal baigne la façade
d'une lumière mouvante
elle s'apprête elle va la rejoindre
cette amante tant désirée
La vie est étrange
elle ouvre elle ferme elle offre elle reprend
et avance inlassablement
Radieux
le soleil bouge la vie lumineuse comme lui
elle est partie jusqu'à demain
La vie est étrange
j'ai perdu un peu d'elle
son désir peut-être
mais pas son amour
qui me baigne d'un autre jour
et ce manque indicible
d'une part de moi comme arrachée

Le désir

Je te désire
je désire ton désir
ce désir aussi éternel qu'un art éphémère
qui apparaît et disparaît au gré des vagues
pour revenir sous tes doigts inspirés
je te désire
je désire ton corps
ce corps aussi éternel qu'éphémère
qui s'épanouit et décrépi au gré du temps
pour mieux renaître entre nos bras
Femme effarouchée
je te désire
de me désirer
je désire ta nudité
et ton regard qui semble si intimidé
parfois d'oser se révéler
Prends-moi
je te désire
sur un coin de plage ?

La rivière

À vous qui m'aimez et à vous qui m'aimerez

La rivière de la vie coule entre les rochers qui affleurent, les herbes et les racines immobiles. Elle coule entre les aspérités, les écueils, les paysages qui défilent le long de ses berges fertiles. Rivière d'amour, rivière de désirs qui se déploie, paisible, les jours de joie tranquille, et volubile, les jours de temps futile. Rien n'assèche la rivière qui s'écoule avant qu'elle ne plonge dans l'Infini infiniment libre, et se fond dans l'Éternité. Si, le mésamour, le désamour, l'amour frileux, l'amour frivole. Est-ce que je désaltère assez la vie qui m'est donnée, l'amour qui m'est offert, les amours qui me régénèrent, s'interroge la rivière qui vibre en moi ? Est-ce que mes vagues caressent suffisamment les courbes et les galbes que je longe et dans lesquelles parfois je plonge ? Je ne suis qu'une rivière pleine de vie et de désirs épris.

Érection

Cette turgescence qui palpite
et impulse une vie fougueuse
et insatiable de jouissances
la vois-tu la sens-tu
Je suis ma propre érection
je suis le cœur de mon désir
je suis le sens de mes soupirs
Et cette turgescence que tu inspires
te dire combien elle t'espère
te dire combien elle te rêvère
je suis une érection de désirs
aux portes de ton Mystère sensuel
que je bois avec un regard éploré
et ton bouton de rose qui se dresse
avec volupté et me pénètre
Érections tout n'est qu'érections

Perdue ?

J'ai perdu ton corps
et ton cœur mon amour
vais-je aussi perdre ton cœur
cette lumière qui n'appartient qu'à toi
et nous enveloppe depuis que tu es ma joie ?
Le vent entends-tu le vent qui souffle et siffle
autour de nous sous un ciel aussi lumineux que toi
le vent de la vie
je n'ai pas perdu ce vent-là
je ne peux pas perdre ce vent-là
tant que je te vois mon amour
au moins un peu de temps en temps
mon amour
d'un autre temps et d'un autre lieu
probablement

Pourquoi ?

Toute cette lumière, toute cette vie et ces envies que tu m'as données, que tu m'as insufflées. Toutes ces vibrations, toute cette intensité d'être et d'âme, comme une évidence, comme des évidences fulgurantes. Toutes ces portes, toutes ces fenêtres, toutes ces libertés parfois durement conquises. Miracles indicibles de l'amour. Magie d'une alchimie inexplicable. Et puis, soudain, toute cette ombre, tout ce chaos sans vie, cet enfer émotionnel indescriptible qui explose telle une bombe à retardement. Le temps s'arrête dans un hoquet de soupirs, un tunnel sans avenir, ni passé puisque les souvenirs sont engloutis dans une mémoire engourdie. Hébétude. Sidération qui pétrifie la compréhension. Pourquoi ? Pourquoi en arriver jusque-là ? Est-ce l'agonie de ce qui fut par-dessus tout, plus fort que tout, si unique et si certain les jours de lumière, de vie et d'envies, que rien ne pouvait stopper que la mort. Cette mort qui est devant la porte, notre porte, celle de notre vie, aussi fulgurante, tonitruante et ravageuse qu'une tornade déferlant de Babel. Que se passe-t-il ? Pourquoi ? Suis-je encore vivant ? Ou un pâle reflet de moi-même de ce qui fut moi ? Quand ? Cauchemar existentiel frappant telle une foudre incendiaire. Stop ! Lumière, vie et envies. Je t'aime. Respiration. Retrouver la raison et le sens et le son et le cœur de toute chose, la voie du milieu, du juste. Ce qui doit être sera inéluctablement. Il faut mourir pour renaître, d'une façon ou d'une autre. Avec, au fond de soi, cette part d'éternité que rien n'effacera. Qui m'appartient. Qui nous appartient. Malgré tout.

Sens-tu ?

Sens-tu que tu t'ouvres ?
Sens-tu cette lumière qui frémit en toi ?
Cette carapace qui se fissure un peu ?
Que c'est doux de le sentir.
Que c'est doux de savoir que tu soupires un peu. Toi aussi.
Il y a comme un souffle qui s'éveille entre nous.
Le sens-tu ou est-ce moi qui délire ?
Et ton corps que je sens si beau et si chaud.
Et ta chair si douce et aimante qui vibre au rythme de ton regard-océan.
Tes yeux me subjuguent comme un ciel brillant de vie.
Inlassable bonheur de plonger dedans comme on plonge vers un à venir.
La vie est un clin d'œil incessant.
Ce qui doit être sera assurément.
C'est la vie.
Souris encore. Ça te va tellement bien.

Interpénétration

Je te vois
je te sens
je te sais
Belle
somptueusement Belle
et désirable
Ton corps ta chair ta peau
aussi limpides que tes yeux
qui m'inspirent des folies
autant que des douceurs infinies
Puis-je te dire « mon amour »
en savourant tes lèvres
en découvrant la volupté de ton sexe
puis-je ? Dis-moi.
Je sais
je suis impudique
peut-être un peu cavalier
tel le désir qui me pousse vers toi
en toi
Viens
soyons impudiques
et osons
Faire l'amour
est une liberté ineffable
Déshabille-toi
devant mon regard extasié
et fougueux comme la vie
Vois-tu mon lingam
qui se tend vers toi ?

Femme

Femme au clair de lune
qui se métamorphose devant ma plume
femme au cœur de runes
je perds un peu beaucoup de toi
et je te découvre sous un autre jour
Femme au clair de lune
si Lune désormais
avec ce corps qui s'élance de jour en jour
sous les baisers et les caresses d'une semblable
pleine d'amour
avec ce corps si beau et si charnel depuis toujours
tu t'éloignes du mien de nous de quelque chose en trompe-l'œil
mais il reste l'amour
dis-moi
il reste l'amour
Femme au clair de lune
que j'aimerais devenir femme
pour te retrouver à mon tour
mais que pourrait faire ces appas
pour remplacer mes bras
Femme je suis soleil
et le soleil est en moi
quand je te pleure en silence
derrière ma joie de te savoir
Femme

Ton nénuphar

Je veux savourer ton nénuphar
me laisser enivrer par son nectar
je veux le caresser du bout des lèvres
des dents et d'une langue de velours
je veux le pénétrer en plein jour
je veux le voir et le voir encore
afin de lui dire mon amour
car j'aime qui tu es ma catalane

je veux déguster tes seins
avec une avidité d'amoureux
qui a faim de toute la volupté
vibrant sous ta chair éveillée
je veux mais qu'ai-je à vouloir
je ne peux qu'espérer tes offrandes
quand on espère être porté par les vagues

Mon amour

Mon amour, mon amour, comment renier cet amour qui nous a unis un jour ? Le pourrais-tu, mon amour, dis, le pourrais-tu ? Je ne peux. Tant il illumine mes jours. Oui, tu pars sur un sentier sans détour, une voie sans retour que ta chair réclame et ton être proclame. Mais est-ce vraiment sans retour, mon amour que j'espère toujours ? Que j'espérerai à jamais en regardant les jours prendre d'autres atours. Oui, tu es semblable et si différente chaque jour, mais comment renier cet Amour, ce Mystère qui nous entoure depuis le premier jour ? Je ne peux. La lumière que tu rayonnes est toujours aussi limpide qu'au premier jour, mon amour. Veux-tu que je te dise ? JE T'AIME ! Et je te désirerai jusqu'à mon dernier jour.

Tu te penches

Tu te penches au-dessus de lui
une main qui me câline un coin de chair
et l'autre qui le saisit
les cheveux enveloppent ton visage
tu te penches et puis
tu l'ébranles d'une main qui lui dit
qu'elle le veut ainsi
turgescent et conquis
avant même d'avoir atteint l'exquis
instant où il jouit
dans ta bouche qui l'a ravi
et ce cri qui jaillit
JE T'AIME !
Et si…

Printemps automnal

Jour de printemps flamboyant dans un automne finissant
douceur de vivre douceur d'être douceur d'aimer
au loin la mer au loin la montagne
et nous entre les deux
dans un entre-deux qui nous gagne
je ne connais pas l'avenir je ne vis que le présent
à quoi bon les soupirs et les regrets d'antan
je veux devenir et prendre mon temps
jour de printemps automnal je me sens animal
je te regarde et je te sens tu me touches toujours autant
la vie va la vie vient mais jamais vraiment ne meurt
quand l'amour s'épanouit librement
et après après on verra assurément
je ne suis mettre que de mon voilier
l'espoir est un olivier qui sourit paisiblement

Qui

Qui suis-je qu'y puis-je
dans ce monde qui délire
qui fuis-je qui nuis-je
dans ce monde sans devenir
qui ouïs-je qui jouis-je
dans ce monde que je désire

Ma vie m'appartient comme m'appartient mon temps
j'avance et je recule au gré de mes vents
car je suis mon propre mouvement
mourir et renaître et mourir encore et renaître toujours
tant qu'il y a l'amour tant qu'il y a la vie
j'aimerais toujours c'est ma liberté et mon envie

Ma sirène

Sur les vagues méditerranéennes d'une fin novembre
alors qu'une attirance nous baigne dans le clapotis
d'un entre-deux si peu orthodoxe qu'il ouvre les yeux
sur une parenthèse en forme de synthèse libertaire

Tu es je suis nous sommes ma sirène d'automne
un duo qui détonne dans un monde parasitaire
et nous entraîne vers une liberté qu'il ne faut taire
Je cherche ta terre je cherche ton sol et ta lumière
encense mon sexe dans la chaleur de ton être
encense-nous avec toute la volupté de ton cœur
dans une fougue pleine d'ardeur je ne suis que vie
je ne suis que le mouvement qui nous réunit
tu es la vague tu es l'océan qui nous porte
vers cet inconnu que j'aime tant et nous apprend
à oser suivre le vent du large sous un ciel de libertés

Animal effarouché

Tout cet amour que tu portes en toi tout cet amour que tu inspires par-delà toi
toute cette richesse toute cette foi cette spiritualité qui n'appartient qu'à toi
comme un chat échaudé
tu les emprisonnes au fond de toi qu'il faut apprivoiser pas à pas peu à peu
tu te mérites toi qui te donnes avec une liberté dont tu gardes le feu
dis-moi qui t'a blessée ainsi
femme si pleine d'amour et de vie de quoi te méfies-tu que crains-tu
tu n'appartiens qu'à toi toi l'espoir d'une valse le temps que tu voudras
car je rêve de tes bras autant que de tes joies

Vers une fin

L'amour est étrange   comme la vie
on s'enflamme on s'emballe dans des certitudes et des promesses pleines d'infinis
car on pense que c'est pour la vie que c'est forcément pour la vie
comment le penser autrement quand l'amour est frais quand l'amour est fou

on y croit si intensément on le veut tellement qu'il est impossible de l'envisager différemment
l'amour est étrange mais l'aimerait-on autant s'il ne l'était pas mon amour je ne crois pas
que vaut un amour qui ne nous enivre pas qui ne nous fait pas faire des prouesses inouïes
et puis le temps et puis l'usure et puis la vie
et les certitudes et les promesses d'une vie et le jour et la nuit
et la vie qui décide et le corps qui renâcle et l'esprit qui se déchire
et la réalité qui s'impose
on ne combat pas la réalité on s'incline ou on s'enfuit
je t'aime et je te regarde t'éloigner sans bruit tu n'es déjà plus ici
qu'y puis-je c'est ainsi
et ce chagrin immense
et cette vie qui recommence sans être finie
et ce bonheur tous ces espoirs toutes ces envies qui s'envolent vers qui
je t'aime pour la vie
car cet amour-là n'appartient qu'à moi
tu suis ton chemin tu fais ta vie c'est ton destin
c'est le mien aussi
je t'aime et je te suis   du plus près que je peux

Qui es-tu ?

Tes seins leur grâce fragile
leur velouté car je les sens veloutés
et généreux dans l'expression de leur plaisir
les prendre dans la main dans la bouche
dans mes yeux tellement réjouis
et les savourer délicatement
Dis dis-moi qui tu es
derrière la douceur et la fougue
de ton corps qui me donne envie de voyager
sur toi et en toi
dis-moi ouvre-toi comme un sésame de l'au-delà de nous
et je te dirai qui tu es
et je te dirai qui nous sommes

J'aime ce moment

J'aime ce moment entre chien et loup
où le corps encore doux du sommeil de la nuit
je sens monter en moi l'ardeur tel la sève d'un arbre
et le bambou qui frémit sous le vent fou
qui nous unit dans un indéfinissable amour

J'aime ce moment entre toi et moi
où le temps est suspendu à nos paroles
qui dans la nuit tourbillonnent et s'envolent
aujourd'hui n'est plus hier et déjà demain
tant nos chemins se composent d'un sentiment
aussi improbable qu'une aurore boréale à Denain

J'aime ce moment entre doutes et amour
qui nous dessine et nous grandit jour après jour
amour d'ici amour d'ailleurs qu'importe
si l'amour est vainqueur j'aime le bonheur
de te voir vivre et devenir ce papillon qui t'attend

J'aime

J'aime quand tu es libérée
j'aime ton humour quand tu te laisses aller
ça te va si bien d'être spontanée
toi qui n'es que retenue et dérobades
Prends le temps d'oser être ta vérité
laisse les futilités aux futilités
il est bien plus doux de se trouver
et de se retrouver dans le temps qui nous est compté
Ne crois-tu pas belle naïade sur sa digue
que le bonheur est une liberté qu'il faut oser approcher
Si tu savais comme j'aime quand tu es libérée
au moins un peu

Jouis !

Tu sais j'aime lorsque ton clito rit
à gorge déployée
devant ma bouche repue de l'avoir désiré
emplie des saveurs infinies dont tu m'as enivré
jouis à perdre haleine
je t'aime épanouie
je t'aime quand tu jouis car tout en toi souris
ô ma douce gourmandise catalane
imprègne ma langue de ta cerise
avant de réjouir mon sexe dans ta bouche exquise
je veux tant être en toi comme dans une terre promise
désire-moi prends-moi laisse-moi encenser ta gorge éprise

Mutation

Mon amour tu es
en pleine maturation
mon amour tu es
en profonde mutation
mon amour tu es
en grande gestation
mon amour tu seras
ta propre révélation
sur l'autre versant
celui qui t'ouvre à toi
à un nouvel horizon
mon amour que j'aime tant
va vers le large qui t'attend
je suis ton port pas ton amarre
va suis le vent qui t'emporte
vers d'autres rivages plus avenants
et peut-être éblouissants
je t'aime
je reprends mon bâton
afin de suivre mon chemin
en t'aimant si lumineusement
continue à briller toujours autant

Désire-moi

Désire-moi
le matin l'après-midi le soir
quand tu voudras mais désire-moi de toutes tes forces
de tous tes émois de tous tes soupirs pour moi
par envie par besoin par manque
j'aimerais te manquer parfois
amoureusement physiquement sexuellement
intensément
prends-moi n'hésite pas prends-moi
dans tes bras contre toi dans ton sexe
dans ta joie dans ce qui te relie à moi
à nous qui sommes fous
de vie et de liberté

Amor

Désolé. Je t'aime. Je fais des poèmes comme d'autres se promènent. Moi, je me promène en toi et j'en fais des vers à soie. Tu m'aimes aussi, je crois. Mais on croit toujours ce que l'on veut. Donc, peut-être que je veux que tu m'aimes ? Au moins un peu. Désolé. Je t'aime. Et cet amour croît. Tu en as peur, dis-moi ? Tu préfères que j'emprunte une autre voie ? Que je te laisse à ta pudeur pleine de réserves et d'émois ? Dis-moi. Dis-moi tes soupirs et ce sourire si plein de joie, dis-moi ce qu'ils veulent dire dans un élan de violence sur toi. Te ferais-tu violence pour moi ? Je suis un mécréant, un iconoclaste, un blasphémateur du temps. Ce temps que j'ai envie de passer avec toi. Je t'aime. Désolé. De venir tel un cheveu sur ta coupe de lumière. Non, ne me crois pas. Je ne suis pas désolé. Je t'aime et je prends le temps de t'apprivoiser. Dis-moi, tu me désires ? Tu me désires un peu, beaucoup, éperdument ? Ou peut-être à la folie ? Avec toi, on ne sait pas. On devine, on déduit et puis on avance à petits pas, ou à grandes foulées marathoniennes, ça dépend, des jours, des instants, d'un regard, d'un sourire ou d'un mot que tu lâches inopinément, comme s'il t'échappait malgré toi. Je t'aime. Assurément. Et j'en fais des poèmes. Des poèmes d'amour. Prends-moi. Et aime-moi comme le vent du sud : librement. Mais intensément.

Ton baiser

Ton baiser si charnel si voluptueux si sensuel
ah ton baiser qu'il m'encorbelle
si fruité et si ludique dans ma bouche hérétique
et tout mon corps qui frémit qui se remémore
je te désire encore je te désirerai toujours
crois-moi mon amour il est des instants que l'on n'oublie pas
je te désire peut-être malgré moi mais je ne crois pas
je te désire parce que tu es désirable qui que tu sois
et ton baiser ah ton baiser qui chavire ma voix

Je voudrais

Je voudrais
tant
te rendre définitivement ce sourire qui t'illumine
ce regard si pleine de vie dans lequel je devine un amour
infini
je voudrais
tant
que tu me fasses découvrir ton corps ton intimité la plus
mystérieuse
ce corps sensuellement beau et désirant mes soupirs loin du
tout-venant
je voudrais
tant
que tu me prennes dans tes bras que tu te promènes sur moi
que tu m'encenses
de cet amour que tu ne dis pas par peur de la vie qui grouille
en toi tel un dauphin en émoi
je voudrais
tant
me promener avec toi le long des plages de nos cœurs qui
nagent l'un vers l'autre
avec une ardente pudeur et une fougue d'adolescents qui
découvrent l'océan de leur joie
je voudrais
tant

que tu crois en moi comme je crois en toi avec la volupté
d'un désir
empli de foi et de cette lumière qui n'appartient qu'à toi qu'à
tes pulsions de vie
Tu sais
je chemine et je m'élève dans la chaleur de ta lumière qui se
déploie sous mon regard épris de toi
Qui suis-je pour que tu m'aimes avec cette liberté aussi
apeurée qu'elle est empressée de s'envoler ?

Déshabillage

Je te déshabille des yeux comme on épluche une orange bleue. Te mangeant quartier après quartier en savourant ta pulpe d'ange tombé des cieux. Je te déshabille comme je veux puisque tu habites un recoin de mon esprit, faisant voleter mes pensées avec tellement de volupté. Je te déshabille avec le cœur afin de trouver le chemin de ton bonheur. Je te déshabille avec les mots car ils peuvent devenir des papillons de toutes les couleurs. Je te déshabille avec ma voix que tu n'entends pas alors que je versifie ta chair en fleurs d'ébats. Je te déshabille et je te prends comme un fantasme qui ne respire que toi. Et enfin je me dévêts sans pudeur aucune puisque je t'offre toute mon ardeur. Regarde qui je suis ! Regarde, je ne suis qu'un voyageur dans la planète infinie de ton regard qui se déplie et touche mon âme d'une vérité que tu as créée.

Je te vois

Je te vois t'illuminer. Je te vois sourire. Je te vois t'ouvrir. Je te vois penser ce que tu désires. Je te vois devenir celle que tu n'aurais jamais dû cesser d'être. Je te vois, je te vois, je te vois… Et je te sais sur le chemin qui mène à toi, qui mène à moi, qui mène à nous. Je te sais pleine d'une joie qui retentit sur moi. Je te sais et je te crois aux confins de toi, dans le sens de ta voie. Le jour vient vers moi chaque matin que mes yeux voient, comme tu viens te poser sur mon être en quête de Soi. Si tu savais ma catalane combien je vis, je renais à une part de moi que j'avais égarée !

Adieu

Pétulante boule de vie,
pleine d'amour et de chien,
si douce et si belle à en séduire les plus chagrins.
Et ta présence constante,
parfois envahissante, parfois discrète, toujours guillerette.
Présence désormais absente et pourtant toujours aussi virevoltante
dans nos esprits peinés.
Comme un manque qui se mue en souvenirs.
Passage fulgurant foudroyé par un mal insidieux,
étoile filante aux poils étincelants,
tu as rejoint ton éternité comme s'il était temps de tirer ta révérence
afin de nous pousser vers la porte de la Vie.
Tu es partie. Tu es ici. Tu es Ailleurs. Tu es Partout.
Tu es venue si vite. Tu es passée en coup de vent.
Pour accompagner nos tourments ?
Il reste l'amour. Il reste l'amour. Et un goût d'Infini.
Tu es libre maintenant d'en faire à ta guise probablement…

Notre amour

Cette lumière qui nous enveloppe, ce chemin qui nous domine, ce destin qui nous devine et notre amour qui nous développe. Depuis quand nous aimons nous ? Je ne sais plus. Il est hors du temps, notre amour, je crois. Je te regarde et je t'aime. Je te sais et je t'aime. Je te sens et je t'aime. Faut-il comprendre ce poème d'amour et de désirs qui nous emmènent vers des horizons inexplorés ? Faut-il comprendre ce qui ne demande qu'à être vécu ? J'avance à tes côtés avec cette pétulance de jeune premier énamouré qui caractérise un amour qui ne cesse de s'élever pour mieux embellir notre vérité. Cette lumière qui rayonne, cette liberté qui s'émancipe, ce désir qui se dissipe et notre amour qui résonne. Je t'aime depuis si longtemps. Je t'aime bien plus qu'un simple amant. Que serais-je sans cet amour qui me rend un peu plus grand chaque jour ? Je ne cherche plus ma voie, je l'ai trouvée entre tes bras, dans ton cœur qui constelle ma foi. Je ne cherche plus le sens, il est là où tu vas, de près, de loin. Laisse-moi juste t'aimer et, sans faire de bruit, te désirer comme un assoiffé de Lumière et d'éternité incarnée. Mon ange !

Trouble sensuel

Je me souviens et je ressens encore sur ma chair bouillonnante ce corps ton corps envoûtant mes sens et mon regard insatiables
cette poitrine aux seins si sensuels
aux tétons turgescents comme s'ils se tendaient vers mes lèvres accueillantes
et cet entrejambe à l'orchidée qui sourit en perlant des arômes exaltants
dis-moi comment ne pas te désirer
dis-moi comment ne pas être affamé
de tes soupirs de tes baisers aussi fougueux que mon sexe ardent semble inextinguible
comment te dire ce désir fou de nous de nos corps entremêlés de nos chairs qui s'inspirent
comment te dire cette envie de plonger en toi et de te sentir soudain jouir en exprimant ta joie
comment te dire cette ivresse qui m'emplit lorsque nos corps se mettent en liesse
j'ai le cœur qui bat rien que pour toi dans ces moments-là
comment te le dire et éveiller le désir en toi
car j'aime tant voir cette flamme grésiller au fond de tes yeux en émoi
je suis un amant si plein d'amour et de libertés irrépressibles
ose tout ce que tu voudras ma sirène incandescente
j'aime être ton cœur de cible toi qui fais renaître mon corps sensible !

Midi

Femme du Midi
du matin du soir
éprise d'un cœur de l'Est
au corps à l'Ouest
ne perds pas le Nord
sur mon être qui t'adore
Femme du Midi
toi si belle et qui l'ignore
te fondant dans l'ombre
de banals décors
laisse-moi te guider
vers ta beauté qui m'émeut
Femme du Midi
si tu savais combien
je suis amoureux de ton âme
à la recherche de la Vie
celle que tu portes en toi
sans oser la délivrer de la nuit
Femme du Midi
désire-moi désire-moi encore
aussi longtemps que tu m'aimeras
sous cette pudeur qui cache ta joie
sous cette timidité qui réfrène tes désirs
par crainte de ne plus être maître de toi
Femme du jour et de la nuit
femme de corps et d'esprit
femme de lumière et d'ombres
femme de feu et de tendresse
femme de sens et de sexe
accompagne-moi un bout de chemin
je ne suis pas vertueux je suis humain
dans ma chair si légère entre tes mains
et tes baisers pleins de lendemains

Soleil méridional

J'ai trouvé un soleil méridional dans tes yeux
à l'accent chantant qui me disait
sois mon amant mon amour aimé tant et tant
je ne sais pas ce qui m'arrive
mais j'en avais envie depuis si longtemps
sois mon amant désire-moi follement
car ton désir teinté d'un amour déroutant
me rend tellement vivante au-dedans
J'ai découvert un soleil méridional
au fond de mon être si oriental
alors que l'hiver rafraîchit les embruns
et que la mer est réservée aux téméraires
J'ai rencontré un soleil méridional
qui réchauffe mon âme de bacchanales
balbutiantes d'explorer les contrées
si peu orthodoxes de nos chairs affamées
d'exister dans leurs vérités sensuelles
Mon amour nous trouver sans détour
tandis que le Canigou surplombe l'horizon
de nos bras qui enlacent un nouveau jour.

Jour après jour

Je t'aime le jour
peut-être même la nuit quand je suis dans les bras de mes songes
je te vois je te bois comme un rayon de soleil sur ma joie
je t'aime d'amour
je ne sais pas pourquoi je ne sais pas comment je sais tout simplement
que je t'aime comme un amant de cœur à l'âme déjà ancrée dans l'Infini
de toute chose
je t'aime de jour en jour avec cette liberté inaliénable
que rien ni personne ne peut altérer
et ce bonheur qui me nourrit
tandis que le soleil sort sans bruit d'un voile de nuages
que je suis pendant qu'un écureuil s'épanouit
et que Patti Smith le rock n'roll

En liesse

Ma folle sagesse, mon amour en liesse, j'offre des liasses de bonheur au vent pour qu'il les emporte vers ton cœur. Que m'arrive-t-il ? Dis-moi, que m'arrive-t-il ? Que nous arrive-t-il sur ce chemin qui nous dépasse ? J'aime ta folie, comme j'aime ta sagesse, elles vont si bien ensemble dans ton être que la vie soudain ouvre à l'infini. Douce infinitude que je chéris de la voir éclore en ton âme comme une fleur qui, après avoir longtemps hésité, s'épanouit dans toute sa grâce et sa liberté enfin conquise. Ô que tu es belle, que tu me ravis à te regarder ainsi devenir celle que le temps et peut-être un certain mépris avaient endormi ! Ma folle sagesse, ma douce folie, laisse-moi t'aimer sans restriction. Laisse-moi te désirer sans limitation, sans autre interdit que de te négliger dans notre émancipation. Je suis fou. Mais je suis fou de toi, de tes horizons, de ton corps qui se déploie, de ta chair qui se donne sans compter. Je suis fou de toi lorsque tu me chevauches tel un nuage de joies. Je suis fou de toi quand tu m'embrasses de haut en bas, de bas en haut, avec une voracité de princesse réveillée. Je suis fou de ton cœur au regard si bleu que je chavire dans tes yeux, ma folle sagesse, ma douce folie.

Une arène

La vie est une arène
dans laquelle je t'aime
je regarde le soleil
je te regarde toi qui m'émerveilles
aujourd'hui n'est pas hier
et ne sera pas demain
seul notre amour dans son écrin
me guide dès le petit matin
je foule le sable sous le soleil
et je t'aime d'un amour
de plus en plus conquis
par ton âme au goût si exquis
je n'ai pas l'âme d'un taureau
je n'ai pas l'âme du toréador

je chante dans ce décor
d'un autre temps où la mort
était un chemin de vie
et ce silence alentour qui m'assourdit
je t'aime ma douce lumière
sous ce soleil qui nous a réunis
et ce silence loin du bruit
je t'aime comme j'aime la vie
intensément
loin de l'arène dorénavant
ma sensible reine

Le chemin

La vie est un chemin vers la mort du temps passé la mort des regrets
un chemin qui trépasse à chaque instant
pour avancer vers demain
vers toujours
un chemin d'amour
mon amour
je suis le chemin
nous sommes le chemin
où nous nous sommes rejoints
nous sommes la somme de nos mains
sur nos cœurs sur mon corps
la vie est ce chemin qui m'a mené en toi
le temps m'échappe
je plane
je ne suis plus ici et je ne suis pas ailleurs
où est passée ma boussole intérieure
j'ai tant désiré ce moment
tant voulu que l'on me désire autant
la vie est un chemin si infini parfois
mais qui suis-je pour être aimé tant et tant
la vie est en chemin que je ne veux pas quitter
entre tes mains
sauf pour l'éternité d'une autre vie peut-être
mais pas demain pas encore demain
je suis si bien contre toi

Nous fantasmer

J'ose nous fantasmer ?
Dis-moi, j'ose ?
Tu as tant réveillé le volcan assoupi dans mes entrailles provoqué l'irruption de mes sens désespérés de ne pas exister.
Tu as tant libéré mon imagination débridée, débordée par le désir qui nous inspire.
Que je ne sais plus où donner de la tête et du sexe.
Toi, si sage, si réservée, effarouchée, derrière une insignifiance ressassée pour mieux te convaincre que tu ne vaux pas la peine d'être aimée, donc désirée.
Objet sexué qui n'ose pas être un sujet libéré.
Objet de convoitise qui se laissait convoiter.
J'ose nous fantasmer maintenant que la porte entrebâillée sur notre amour insensé ?
Ouverte même sur un monde inespéré.
Dis-moi, j'ose ?
J'ose t'imaginer arrivant dans ta robe Desigual, tes chaussures à talons, tes bas à jarretières, mais sans petite culotte, me rejoignant aussitôt avec ton sourire désarmant afin de me chevaucher, avec une autorité d'amazone tendre ?
J'ose t'imaginer conquérante, me prenant soudain dans un sous-bois qui fleure bon l'exubérance de la vie ?
J'ose t'imaginer m'embrassant au débotté dans une rue où nous ne faisons que passer, enivrés par notre amour décomplexé ?
J'ose ?
Oui, j'ose te désirer jusqu'à la déraison.
Car mes pensées, mon imagination aussi délurées soient-elles, n'appartiennent qu'à moi, qu'à mon être enfin délivré de lui-même, de ses retenues infondées en vérité.
J'ai osé te partager mes folies innocentes car je t'aime d'un amour si déraisonnable d'être libre.
Libre comme nous qui nous fantasmons avec ivresse et sagesse.
Je suis fou.
De toi.
De nous.
Et toi ?

Amour insensé ?

Tu doutes, mon amour, de la pérennité de notre amour ?
Je te vois si forte et si fragile et si frêle dans ta mutation,
ta renaissance qui n'est en vérité que ta naissance différée.
Mon cœur, où vas-tu
sur cette rive qui te mène ailleurs,
loin de mon corps et si proche de mon cœur ?
Insondable destinée
qui nous pousse à explorer
le tréfonds de notre âme
pour mieux nous émanciper de nos scories passées.
Mon cœur, où vas-tu
pour découvrir ton être,
quel chemin prends-tu pour éclore sans retenue ?
Je ne veux que ton bonheur dans cette vie pleine d'avènements.
L'amour nous fait vivre sous tant de jours différents
dans une vie où le temps court vers des horizons ardents.
Et cette mutation qui t'éloigne et cette mutation qui nous rapproche
par-delà les conformismes de poche.
Je n'ai que mon amour à te donner, garde-le précieusement,
tu en auras toujours un peu besoin… Je ne serai pas loin.

Envie de nous

J'ai envie de toi
j'ai envie de nous
j'ai envie de tout ce qui peut être nous
Dehors le temps est froid
l'hiver est vent debout
J'ai envie de nous
à me mettre à genoux
Dehors le temps est gris
enfin un peu de pluie
J'ai envie de toi
à en perdre la voix
tel un fou sans voie
qui s'élance dans tes bras

Dehors il fait froid
dedans il fait si doux
Qu'as-tu fait de moi
mon amour au corps de soie
Qu'as-tu fait de moi
mon amour au sexe si chaud

Derrière la vitre

Le bruit des fourchettes
le son des voix
le rythme d'un repas
de la vie qui va
je ne suis pas là
je suis dans l'espace qui m'environne
je suis l'espace
je suis dans ces arbres verts et immenses
devant mon regard qui se perd qui se prélasse
je suis dans ce ciel si bleu
je suis la nature qui me berce
je suis la vie
dans un temps suspendu
je n'écoute pas je n'écoute plus
je suis la beauté infinie devant mes yeux
je suis l'Infini
paisible
je suis Ailleurs je suis ici
vivre est si simple et si doux
Apaisement
bruits de fourchettes sons de voix
je reviens je n'étais pas loin

Ma tramontane

Le vent se lève
le ciel s'ouvre toujours aussi lumineux
après avoir écarté le voile grisâtre de jours maussades
l'azur me fait rêver dans le sud
il est si plein d'été
souffle ma tramontane

souffle sur nos braises que tu as éveillées
souffle souffle sur notre amour révélé
je veux être par toi emporté
qu'importe comment
qu'importe combien de temps
emporte-moi sur les ailes de ton vent
mon enivrante tramontane

Mon étoile

Ce sourire comme un soleil
sur la bouche d'une étoile
qui file un doux amour
avec un coquillage nacré
Temps suspendu
à leurs lèvres tendues
vers un baiser éperdu
J'aime cette ardeur d'amants
qui se pénètrent continûment
au gré de son sourire étincelant
j'aime une étoile au firmament

J'aime te

J'aime t'attendre
j'aime t'espérer
j'aime t'entendre
j'aime t'écouter
j'aime te surprendre
j'aime t'encenser
j'aime t'aimer
Mon amour j'ai rencontré
l'été en décembre
dans la carte du Tendre
Je cherche ta lumière
comme une source d'eau claire
je cherche ton amour
comme un nouveau jour
j'aime t'attendre
j'aime t'espérer

j'aime te désirer
te désirer d'amour
Ô mon amour
j'aime me laisser prendre sans hésiter
j'aime t'explorer sans me lasser
j'aime tant t'aimer et
j'aime tant me sentir aimé par ton cœur libéré

Nous

Toi
moi
elles
nous
pour aller où
qu'importe
si l'amour est debout
qu'importe
si le bonheur est au bout
la vie est simple après tout
il suffit d'ouvrir la porte
pour être fou
et libre par-dessus tout
elle
toi
vous
nous
j'aime sentir ce vent doux
multiple et singulier
qui nous pousse vers
qu'importe
puisque l'amour est en nous

Voluptés

Tu es là-bas je suis ici
dans la chaleur de mon lit
je pense à toi je pense à nous
sous ma couette solitaire
je sens l'amour qui nous relie
je sens la vie je sens l'envie
et ma verge gonfler dans la nuit
je sens ton corps j'entends tes cris
cœur à cœur corps à corps
dans tes yeux qui disent l'amour
qui disent encore
et toi et moi ne faisant qu'un
intensément unis par une volupté sans bruit
tu es là-bas je suis ici
demain viendra où tu seras tout contre moi
tout contre nous et l'instant viendra où nous serons fous

Ma Terre

La Terre est vaste   peuplée à profusion   milliards
d'âmes mais qu'une est toi
                mon Amour de là-bas
                qui grandit en moi
             telle une lumière stellaire
                qui enlace la Terre
je me sens porté   transporté entre tes bras   je
vibre à ta voix   je frémis en toi
      et ton amour et ton désir et ton amour et ton désir
         comment te dire mais comment te dire
   je suis la Terre auprès de toi je suis l'Amour au fond de ta
                  voix

Parce que

Parce que ta lumière
parce que ton sourire
parce que ton amour qui a encore du mal à se dire
parce que le temps
parce que le bonheur
parce que la joie de savoir ton cœur qui bat aussi pour moi
parce que la vie
parce que l'envie
parce que le désir de t'explorer à l'infini sans en être repu
parce que ton corps
parce que ta chair
parce que ton sexe me fait rêver des jours et des nuits
parce que c'est toi
parce que c'est nous
parce que je t'aime à être fou de qui tu es par-dessus tout
je vibre et je respire un horizon
qui m'inspire des vertiges de devenir
et une cascade de soupirs d'amour
que je ne peux que t'offrir comme on offre sa reddition

Je m'inquiète pour toi

Ce visage qui exsude la souffrance
de ton dos laminé
ces pleurs impuissants à te redresser
face à la douleur de la réalité qui m'inquiète
Je t'aime
et je ne peux que constater déplorer
regretter ce que tu endures
car tu m'aimes
mon amour si décalé de tout et de tous
j'aimerais tant pouvoir te soulager
je ne peux que constater déplorer
regretter ce que tu endures
car je t'aime
à vouloir t'offrir le bonheur sous toutes ses latitudes
qu'importe les postures autour de nous
qu'ils restent entre eux

je suis amoureux
d'un astre qui souffre le martyr
de m'aimer malgré tout ce qui nous sépare
tant et si peu en fonction des regards
ne souffre plus ma Lumière d'Ailleurs
pour toi je ne veux que le meilleur

Je vogue

Tu vaques je vogue
mon amour
sur les vagues de ton cœur
en velours
j'ai le temps je t'attends
pendant que tu vaques
sur ton corps je vogue
et je plonge
dans ta chair de braise
n'en déplaise alentour
je t'aime
je le proclame
je te désire
je le clame
mon amour
en velours
et braise fleurie
je vole
sur ton amour
incarné
mes ailes déployées
pour mieux t'envelopper

Ta canaille

Tu travailles
je suis ta canaille
tu travailles
et je viens chatouiller tes entrailles
en évoquant ton orchidée perlée de lumière

en dessinant tes seins qui savent si bien plaire
je suis ta canaille
où que tu ailles
j'aime troubler ton cœur avec mon amour libertaire
j'aime savourer ton âme si proche des étoiles
je suis ta canaille
le sourire en bataille
et mon amour aux quatre vents
d'un bonheur que j'espérais tant

Amour atypique

Le ciel flamboie sous mes yeux ; incandescents les nues se déploient sur l'azur. Aurore, aurore de mon cœur, le jour se lève sur elle et mes pensées qui l'effleurent du bout des doigts. Qui suis-je après tout pour espérer tant entre ses bras aimants de libellule ? Elle est tout, elle est tant. Elle est cet élan que j'attends. Depuis quand ? Elle est ce corps incandescent qui me manque tant depuis toujours. Le jour se lève sur notre amour si doux et si puissant. Qui suis-je après tout pour être tant comblé par son cœur de velours ? Ne suis-je pas déjà finissant ? Suis-je encore au commencement ? Suis-je donc un éternel recommencement ? Avec qui ai-je fait un pacte pour rester jeune jusqu'à la fin de mes temps ? Le jour est levé. Ma libellule danse déjà dans ce petit matin où je pense à ses mains aux caresses divines. Viens, vis-à-vis, mon espérance folle ! Je n'attends que toi. Que nous.

Libellule

Ma libellule bleue
mon cœur sourit
à ton envol vers cette vie
où l'amour qui nous unit
si léger et puissant
fait frémir notre sang
Ma libellule aux yeux d'azur
mon corps se démultiplie
à ton contact avide

et l'envie soudain m'emplit
d'une allégresse enivrée
quand l'ardeur devient fougue
Ma libellule catalane
je t'aime corps et âme
entends-tu dans le silence
mon sexe qui te proclame
mon cœur qui t'acclame

Solitude

Comment ne pas aimer cette solitude qui me respire
et m'inspire tant de vibrations à chaque instant
cette liberté indicible dans la chaleur paisible
de mon lit quand la nuit se finit doucement
solitude qui modèle le temps qui passe
sur soi-même et ses amours infinies
solitude qui module les jours au rythme du cœur
que le silence nourrit de sourires et d'absence
Comment ne pas aimer cette solitude pleine de vie
et de ces pensées où je suis blotti tout contre elle
son corps qui me ravit sa chair qui m'ensorcelle
douce solitude que celle qui sait avec certitude
que bientôt elle sera comblée de sa présence
je regarde le ciel je regarde sa lumière
elle vient de nous elle voyage partout
dans la quiétude de mon bureau
où je l'attends à genoux le sexe debout

Ses lèvres

Ses lèvres à l'humectage savoureux
ses lèvres exquises lorsqu'elles sont déployées à l'envi
lèvres de feu lèvres d'amour insatiables
lèvres du plaisir et de sourires infinis
lèvres pulpeuses qui me ravissent jusqu'à l'ivresse
lèvres du cœur lèvres du corps
lèvres gémissant sous ma bouche inextinguible
lèvres d'envies jusqu'au cri
ô les embrasser avec cette volupté vorace

qui dévore mes sens et fait tanguer ma raison
comment ne pas être intarissable mon amour
toi que des bouquets de lèvres constellent à foison
Embrasse-moi encore !

Mon sexe

Apprivoise mon vit ne le laisse pas languir
mon amour prends-le empoigne-le vite
à bras-le-corps à bras-le-cœur
saisis ce phallus qui piaffe d'envie
d'être pris et conjugué à l'infini entre tes doigts
entre tes mains entre tes lèvres dans ton antre d'amour ton
angora béant de joie liquoreuse
prends-le et chavire-moi à califourchon sur mon émoi
toi qui as rompu la digue de mes sens en sommeil
avant que tu ne fondes
sur moi et en moi

Méditation

Le regard en tailleur
ni ici ni ailleurs
dans un silence recueilli
posé sur ta quiétude
aussi sereine que la vie
telle une paix infinie
que tu respires et
inspires sans bruit
le jour se lève
sur ton regard en vie
je suis ailleurs
je suis où d'ailleurs
dans un coin de ton cœur
jusqu'au fond de la nuit

À mon amour

Mon amour
tu vas vers une vie verte qui t'élève dans de mauves volutes
spiritualité tout n'est que spiritualité
lorsque l'esprit se détache de la matérialité
Moi je t'attends de temps en temps
le temps d'un sourire et de voir dans ton regard que tu m'aimes toujours
mon amour   Mon amour
je reste sur Terre pour toujours
c'est mon Univers c'est mon Mystère
je suis fait de sens et de chair
Moi je t'attends de temps en temps
le temps d'un sourire et de voir dans ton regard que tu m'aimes toujours
mon amour   Mon amour
tu vas sans moi et avec moi tout à la fois dans des volutes vaporeuses
spiritualité tout n'est que spiritualité
depuis que tu t'es mise à danser avec les anges
Moi je t'attends de temps en temps
le temps d'un sourire et de voir dans ton regard que tu m'aimes toujours
mon amour   Mon amour
vas vers cette vie pleine d'amours aussi incarnées que méditatives
spiritualité si intensément sexuée
que la Lumière ne peut que briller
Je t'attends avec amour j'ai le temps j'ai tout mon temps sur ma Terre de toujours

Mon ange

Mon ange de lumière
mon bout de Terre
mon coin de soleil
ma douce merveille
si précieuse et bleue

je vole vers tes yeux
Mon ange venu d'ailleurs
laisse-moi te prendre sur mon cœur
l'horizon est infini en nous
laisse-moi te prendre sous
mes ailes qui te vénèrent
mon amour au tendre mystère

Amour bousculé

Amour mon doux amour
quels sont ces jours indécis
qui courent
pour qui pour quoi ?
Amour mon doux amour
quels sont ces temps suspendus
plein de malentendus
pour qui pourquoi ?
Amour mon doux amour
comment être comment dire
pour ne pas faire naître des soupirs
pour qui pourquoi ?
Amour mon doux amour
comment être soi sans blesser l'autre
et soulever des doutes d'épeautre
pour qui pour quoi ?
Amour mon doux amour
la roue tourne dans le sens du destin
comment ne pas passer à côté du festin
pour qui pourquoi ?
Amour mon doux amour
l'amour s'adapte mais ne se renie pas
il change de couleur mais pas de voie
pour qui pourquoi le ferait-il
dis-moi ?

Tourterelle

Tourterelle toute belle
sur tes ailes qui t'emmènent
vers où vas-tu le sais-tu ?
Tourterelle ma ritournelle
vole ne t'arrête plus n'attends pas
ton nirvana est en toi.
Je suis en bas je regarde le ciel
je te vois je ne te vois plus dernier
et puis tu es là et tu n'y es plus.
Tourterelle toute belle
vas vas ta vie tu as tout en toi
et je ne serai jamais loin de nous.

Amoureux

Qu'est-ce qui m'arrive ?
  Quelqu'un peut-il me dire ce qui m'arrive ?
Le ciel est bleu autour de moi. Le soleil si éblouissant au-dessus de moi. L'amour est arc-en-ciel.
  Je l'aime. Si vous saviez comme je l'aime !
Elle, mon poème, mon intarissable poème. Mon inépuisable respiration inspirée du cœur et du corps.
  Voyez mon esprit frémir dans d'infinis sourires.
Et ma verge, sentir ma verge redevenir un éclat de vie porté par l'amour, son amour si fou, si grand.
  Qu'est-ce qui m'arrive ? Mais qu'est-ce qui m'arrive ?
J'ai atteint la rive d'une plage luxuriante et voluptueuse. Et son lagon, si vous connaissiez son lagon.
  Je l'aime. Comme je l'aime.
Je vibre lorsque sa voix se promène sur ma chair et que ses doigts de fée interpellent mon âme.
  Je veux encore plonger dans son lagon.
Je suis amoureux. Qu'est-ce qui m'arrive ? Combien
 Mais qu'est-ce qui m'arrive ? Je me sens soudain si éternel.
Dites-le-lui lorsque vous la verrez sur une plage qui écume comme elle, comme son ardent verger.
  Je suis ivre d'elle.

Au fond

Son nénuphar si vous connaissiez son nénuphar
emmitouflé dans son écrin duveteux
alors qu'il se met à sourire devant mes yeux
me tendant ses lèvres pour un baiser langoureux
son nénuphar humecté par le désir
lorsque mon regard la caresse avec intensité
une intensité malicieusement provocante
lorsque ma bouche se promène avec volupté
sur cette fleur aussi aquatique que solaire
afin de l'amener à éclore dans un bain de sève musquée
avant de la rejoindre et d'y plonger mon chibre assoiffé
vibrant au fond de cet antre velouté et si sensuel
qui subjugue mes sens de mille libations enivrées
Au fond de toi mon amour c'est Byzance
et dans ta bouche dans ta bouche mon amour
c'est l'Éden de ton ardeur qui m'encense
qu'il fait bon s'abandonner en toi
ah si vous connaissiez son nénuphar
je ne suis vraiment pas avare

Nouvel an

Les jours ont filé
les mois ont succédé aux mois
le jour à la nuit
la nuit au jour
la vie la mort
les doutes les certitudes
les espoirs déçus les attentes insensiblement dissoutes
et puis le chaos et puis les douleurs
diluant le bonheur
dans d'autres certitudes d'autres désillusions
Un cœur s'est éloigné
un autre a surgi
suis-je donc ma propre utopie
mon chemin de solitude
qu'accompagne l'envie

d'y croire
encore et toujours
jour après jour
année après année
jusqu'à l'ultime soupir
que vaut la vie sans désir
sans foi
et le bien-être de se sentir aimé
Je ne suis rien sans amour
mais qu'est l'amour sans moi
sans toi sans nous
un amour s'éloigne
pour où
ne pas briser le cordon qui nous lie malgré tout
un amour s'éloigne c'est la vie après tout
mais ne pas briser ce qui nous rapproche par-dessus tout
un amour surgit
jusqu'où
préserver sa lumière
et les harmonies fragiles
Ne pas présager de l'amour
il est affranchi de nous
il court dans le vent
Un nouveau cycle commence
ne penser que le présent
l'avenir est si loin
je les aime tout simplement
avec ce qui nous différencie
et nous rend plus grands
les jours vont filer
les mois succéder aux mois
le temps ne s'arrête pas
ne m'attends pas
Que suis-je sans l'amour
si ce n'est mon propre trépas
demain est un autre jour
pour y croire toujours

<u>28 décembre 2017</u>

Du même auteur

Autobiographie
À contre-courant, 1ᵉ édition, Desclée de Brouwer, 1999.
2ᵉ éditions, Worms, Le Troubadour, 2005 (épuisé).
En dépit du bon sens : *autobiographie d'un têtard à tuba*, préface ONFRAY M., Noisy-sur École, L'Éveil Citoyen, 2015 (épuisé)

Poésie
Toi Émoi, Worms, Le Troubadour, 2004
Corps accord sur l'écume Worms, Le Troubadour, 2010
Ikebana effervescent, Worms, Le Troubadour, 2012
Le jeune homme et la mort, Worms, Le Troubadour, 2016
Les chemins d'Euterpe, Autoédition MN, 2018
Divins horizons, Autoédition MN, 2020
Femmes libertés, Autoédition MN, 2021
Allègres mélancolies, Autoédition MN, 2021
Les foudres d'Éros, Autoédition MN, 2019
Sérénité, Autoédition MN, 2019
L'existentialisme précaire d'un têtard pensant, Marcel Nuss, 2018
Chroniques poétiques, Autoédition MN, 2021
Le quotidien des jours qui passent, Autoédition MN, 2020
Aveux de faiblesses, Autoédition MN, 2022
Récoltes verticales, 1999-2002, Autoédition MN, 2022
Élégie sans lendemain, 2002-2008, Autoédition MN, 2022
Femmes libertés, 2011-2013, Autoédition MN, 2022
Les runes de l'amour, 2011-2012, Autoédition MN, 2022
Allègres mélancolies, 2013-2016, Autoédition MN, 2022

Les foudres d'Eros, 2015-2016, Autoédition MN, 2022 (à paraître)
Sérénités, 2017, Autoédition MN, 2022 (à paraître)
L'existentialisme précaire d'un têtard pensant, 2018-2019, Autoédition MN, 2022 (à paraître)
Chronique poétique, 2020, Autoédition MN, 2022 (à paraître)
Le quotidien des jours qui passent, 2021, Autoédition MN, 2022 (à paraître)

Essais
La présence à l'autre : Accompagner les personnes en situation de dépendance, 3e édition 2011, 2e édition 2008, 1e édition 2005, Paris, Dunod.
Former à l'accompagnement des personnes handicapées, éditions Dunod, 2007 (épuisé).
Oser accompagner avec empathie, préface COMTE-SPONVILLE A., Paris, Dunod, 2016
Je veux faire l'amour, Paris, Autrement, 1ère édition 2012, Autoédition, 2e édition 2019.
Je ne suis pas une apparence, Autoédition MN, 2021

Romans érotiques
Libertinage à Bel Amour, Noisy-sur-École, Tabou Éditions, 2014 (épuisé)
Les libertines, Paris, Chapitre.com, 2017 (épuisé)
Le crépuscule d'une libertine, Paris, Chapitre.com, 2018 (épuisé)

Réédition en version originale :
La trilogie d'Héloïse, Autoédition MN, 2021
    1 Con joint
    2 Con sidéré
    3 Con sensuel

Nouvelles
Cœurs de femmes, Paris, Éditions du Panthéon, 2020

Ruptures, Paris, Éditions Saint-Honoré, 2021
Incarnations lascives, Autoédition MN, 2021

Sous le pseudonyme de Mani Sarva
Horizons Ardents, Paris, Éditions Saint-Germain-des-Prés, 1990 (épuisé).
Divine Nature, prix de la ville de Colmar 1992, Éditions ACM, 1993 (épuisé).
Le cœur de la différence, préface JACQUARD A., Paris, L'Harmattan, 1997

Essais en collaboration avec :
COHIER-RAHBAN V. *L'identité de la personne « handicapée »*, Paris, Dunod, 2011
ANCET P. *Dialogue sur le handicap et l'altérité : ressemblance dans la différence*, Paris, Dunod, 2012

Essais dirigés par l'auteur
Handicaps et sexualités : le livre blanc, Paris, Dunod, 2008
Handicaps et accompagnement à la vie sensuelle et/ou sexuelle : plaidoyer en faveur d'une liberté !, Lyon, Chronique Sociale, 2017